★★★
入門
introduction to

Beauty Business

ビューティービジネス

【編著】
新井 卓二
河﨑 峰子

同友館

はじめに

今回の執筆に至ったきっかけは、今から2年前の２０２１年4月から、ビューティー業界の教育（山野美容芸術短期大学）に携わる機会を頂いたことです。今までヘルスケアサービスの会社の経営者として約10年間、つとめてきましたが、個人的にはビューティーとは無縁の世界にいました。教員就任が決まってから取り組んだことは、まず髪型を変えました。社会人になってから約20年坊主でしたが、就任をきっかけに髪を伸ばし、前髪を作ったり、洋服にも気をつかったりするようになりました。

短大では、ビューティーに関わる〝ビジネス〟を教えることになり、早速ビューティーに関わるビジネスや業界について調べるようになりました。そして分かったことは、ビューティーは多くの業界にまたがる概念であること、また業界の境界がほとんどなく、さらに時間の経過と共にどんどん無くなっており、多くの産業から参入や撤退があることでした。その際、歴史や全体像をつかむために参考にしたのが、ハーバード・ビジネススクールイシドール・シュトラウス経営史教授であるジョーンズ・ジェフリー氏がまとめた『ビューティビジネス―『美』のイメージが市場をつくる』（２０１１年、中央経済社）です。日本語版では、翻訳にハリウッド大学院の江夏健一先生や山中祥弘先生、ハリウッド大学院大学ビューティビジネス研究所が参加されており、世界のビューティーの潮流がわかりやすくなっていました。

しかし、その本を含めて、日本独自のビューティー、例えば古来から続く黒髪信仰や香り（香木）の概念をビジネスとの関連で記した資料は少なく、また紹介されている事例も海外のメジャーな企業が中心となっていました。そこで、日本固有のビューティーと、そこに関わる日本企業を紹介する本書の執筆に至ったのです（第2、3、4章）。

章立ては、第1章として、美とは何か、また日本古来の美と道について紹介します。次に日本初の美容の高等教育機関として、山野美容芸術短期大学の成り立ちや精神美を含める美道五大原則、またサービス・おもてなし・ホスピタリティを、専門であられる副学長の河﨑峰子先生に解説して頂きました。第2章では、ビューティーに関わる企業からヘアケアや化粧品等、従来のビューティーの概念の中心的な企業群を紹介します。第3章では、新しい概念である健康食品や卸し、健康サービス、ビューティーメディアの企業を紹介します。第4章では、ビューティーの歴史と私が短大で担当していますビューティービジネスの授業について紹介します。短大の宣伝がはいっておりますが、それでもビューティーに関わる企業や歴史、またビジネス全体を俯瞰して掴もうと努めておりますので、読者の皆様には少しでも参考になるところがあれば嬉しいです。

新井　卓二

◉目次

第1章

ビューティーとは？

第1節　美（ビューティー）と道

「美」のとらえ方、価値観は時代や文化などによって異なります。

たとえば、「美人」という概念は、平安時代には、ぽっちゃりしていて、肉付きがよくボテッとした丸い顎、切れ長で細い目、雪のような白い肌、長くて艶のあるキレイな髪の毛というのが特徴でした。

一方、現代では、スレンダーな女性が好まれ、顔が小さい、目が大きい、鼻筋が通っている、口角が上がっているのが美人とされています。

この章では「美」のとらえ方、価値観を踏まえながら「美」とはどのようなものなのかを考え、同時に精神的な美しさを追求する「道」に着目していきます。

1. 美（ビューティー）とは

まずは「美」について考えます。

広辞苑で調べると「美」は、うつくしいこと、うつくしさ、よいこと、立派なこと。

そして個人的利害関心から解放され、より普遍的・必然的・客観的・社会的であること、とあります。

また、「美しい」とは、愛らしい、かわいい、いとしい、形・色・声などが快く、このましい、きれいである。

また、行動や心がけが立派で、心をうつ。いさぎよい、さっぱりして余計なものがない、と説明されています。

「美」を理解するうえで、必要なことは「美」について知り、感じ取ることです。

言い換えれば、「美」に関する「学び」であり、それが文字通りの「美学」「美学的認識」につながります。

ちなみに日本語の「美学」という名称は、もともとドイツ語のÄsthetik、英語のAestheticsの訳語です。これを、西周は「善美学」や「佳趣論」などの言葉で表現し、森鷗外は「審美学」と訳しています。

美学として成立させるためには、客観的に「美」なるものの存在を認識し、主観的に「美」なるものを価値として意識するということが必要不可欠であると考えます。

一方で、「美」を感じることを、美意識ととらえます。

美に関する意識や美しさを創造・受容する心の働きを意味し、何をもって美しいかとする基準や考えも含まれます。

「美学的意識」と「美意識」は、ともに「美」に関わっていますが、異なったものであるといえます。「美学的意識」は、認識の本質に従って論理的、概念的に思考し、合理的に「美」の真理を追究することであり、この考察を進めて普遍的な法則を導き出す意識のことです。

一方で、「美意識」は、人間の直接的な感覚的、知覚的、感情的な体験をもとにして創られ、想像と情動が自由にでき、芸術的創造力の源であると考えられます。

つまり「美学的意識」は、客観的論理性を備え、「美意識」は情緒的思考性を持ちあわせているのです。「美学的意識」を高めるということは、客観的論理性を備え、美の考察に至り、知見を広げることです。また、美の感性を研ぎ澄まし、「美」の価値について理解を深めることといえます。

実践的な例として、美学史、美学理論、芸術批評、美学的遺産、音楽、美術、文芸や美の鑑賞などの理解が挙げられます。美の鑑賞とは、音楽、美術、文芸作品を享受するといったような芸術鑑賞のみを指すのではなく、自然の景観や都市的景観等の鑑賞を含んでおり、客観的論理性が体験や経験により向上していくと考えられます。

次に「美意識」について、着目していきます。

最初に、日本人の美意識の根本には「自然」という概念があります。

特徴として「移り変わり」という時間の流れによる変化が挙げられ、それには四季の影響もあると考えられます。たとえば日本庭園は「自然をあるがままにつくること」に重きをおいています。イギリスやフランスに代表される西洋の庭園に見られる調和を重視した景観とは異なり、自然で混沌としていることが大きな特徴です。

これは日本人が自然のままに変化する景観を楽しむ性質があり、季節を感じ、その光景に美しさを覚えます。また日本の代表的な花である桜を美しいと感じるのは「刹那的な美しさと滅びていく儚さ」にあるように、日本人の美意識は、自然が放つ「変化」や「空間」に重きがおかれ、それにより価値観や思想が構築されています。

また日本人は、わずかな違いを見逃さず、その違いを認識することから美しさの感性を育んでいきます。たとえば色彩ですが、日本人が認識する「赤」はさまざまであり、柔らかい赤として薄紅《うすくれない》があり、くすんだ黄赤の朱色《しゅいろ》、濃い赤の茜色《あかねいろ》、くすんだ赤の蘇芳《すおう》など、じつに多くの「赤」が存在しています。

この微妙な色の違いを一つひとつ使い分けて表現する、ほんのわずかな違いを見逃さない、こうした感性が日本人の美意識を象徴しているといってよいかもしれません。

また、「詫び・寂び」と言った禅宗の思想が反映された美意識もあります。

「侘び」のもつ「欠けたもの」「粗末なもの」を愛でる美意識は、日本人が抱く「不完全なもの」「不規則なもの」「寂しいもの」「哀愁があるもの」に対して美しいと思う心を表しています。茶道において千利休は、この「侘び」を極限まで突き詰め、茶室は侘びた風情を強め、余計な装飾は排除され、最小限のものを置くことで、質素で粗末なつくりへと変化させました。そして「侘び」は茶道の発展とともに洗練されていった美意識となり、最小を目指した極限の美こそ「侘び」の真髄といえ、不完全なものを敬う心となり、粗末なもののなかにある洗練された美を見出すものとしてさまざまな文化に影響をもたらしています。現代でも「ミニマリズム」といわれる美的概念として影響を与え続けています。

一方の「寂び」とは、閑寂さのなかにある奥深いものや豊かなものをしみじみと感じられる美しさを示しており、内部に潜む本質が外側ににじみ出ることを意味します。

たとえば「古めかしくて趣がある」「枯れて風情がある」ことを「寂び」とすることで、「不完全で寂しいもの」に叙情的な寂しさが加わったことを表現しています。この叙情的な寂しさこそが「寂び」という美的概念の中核となり、心が揺れ動く「劣化」「寂しさ」「衰え」のなかに美を見出し、芸術へと昇華させています。

「侘び」が粗粗しいシンプルなイメージであるのに対して「寂び」は枯淡のなかの美をイメージし、色彩でたとえれば、「侘び」は黒に近い風味に対して、「寂び」は上品さのある渋い色合いを表します。どちらも質素でつつましいもの、最小限の美としてまとめられ、現代では「侘び・寂び」としてひとまとめに表現されることも多くあります。

ところで「美意識」を高めると、どのような効果があるのでしょうか。

現代社会のビジネスにおいて、「美意識」が着目されています。

人文科学と経営科学の両面からアプローチして研究している山口周氏によると、現代社会では、多くの経営者層やグローバルに活躍する知的専門家が、「美意識」を鍛えているといっています。

理由の1つは、「倫理的情報スキルには限界がある」からです。

分析や論理、理性に重きをおくと、今日のような複雑で不安定、かつ不確実で曖昧な社会において、太刀打ちできないからです。つまり多くの人が、論理的・理性的な情報処理スキルを身につけた結果、サイエンス重視で意思決定をすると、正解が皆同じになり、意思決定がコモディティ化してしまいます。必然的に他との差別化は難しく、市場には、似たようなものが溢れかえってしまう現状があります。

2つ目には、「システムの変化にルールが追いつかない」ことが挙げられます。

世界は、大きく進歩しています。インターネットが普及し、仮想通貨が登場し、バーチャルな空間が生み出されているように、時代とともにさまざまな分野が進化し続けています。

一方で新たなものが生み出されても、すぐに世の中のルールがタイムリーに追随することが難しい現状があります。つまり法律等のルールは、イノベーションが起こってから、さまざまな事例をもとに、後追いの形で整備されていくからです。

3つ目は、「自己実現欲求市場の登場」があります。

機能だけではない美的な便益が市場にとって重要な価値判断になっていくことを意味しています。たとえばパソコンですが、最初は記憶容量や計算能力等の機能性で商品の選択をしますが、他のメーカーも同じような機能が充実すると、そこに大きな差異はなくなってきます。次にデザインやブランドといった感性に訴える要素が選択の大きな基準になり、「このデザインが自分好み、素材や質感、色が好き」といった理由が購入の動機となります。その際、機能性の向上を重視してきた企業の商品は、他と比べて特徴もなく、選択から自然と外されてしまう結果となります。

市場には自己実現欲求があり、世界観とストーリーに共感するともいえます。

つまりブランドに追随する世界観とストーリーに人びとは惹かれているのです。アート作品やアーティスト、偉人には圧倒的な世界観があります。世界観とは「世界をどう観ているか？」というものの見方です。この見方に共感するからこそ、人はアートや音楽などに惹かれ、感動や、人生の気づきを得られるのだと思います。

具体的なビジネス市場では、Apple社を例にとるのがよいでしょう。

１９９７年に「Think Different.」というキャンペーンを打ちだし、ＣＭを作成しました。そのメッセージが以下のとおりです。

クレージーな人たちがいる
反逆者、厄介者と呼ばれる人たち
四角い穴に丸い杭を打ちこむように
物ごとをまるで違う目で見る人たち
彼らは規則を嫌う　彼らは現状を肯定しない
彼らの言葉に心をうたれる人がいる
反対する人も

賞賛する人も
けなす人もいる

しかし、彼らを無視することは誰もできない
なぜなら、彼らは物ごとを変えたからだ
彼らは人間を前進させた

彼らはクレージーといわれるが
私たちは天才だと思う

自分が世界を変えられると
本気で信じる人たちこそが
本当に世界を変えているのだから

とありました。このCMから醸し出す強いメッセージと世界観は、受け手の心を揺さぶり、内在している「業界を変えたい」「本物の価値をつくりたい」「社会をより良くしたい」「自分が信じる仕事をしたい」というような、個々の気持ちを掘り起こすようなものだと考えます。そしてこ

表1　美意識の判断基準表

価値	外部基準	内部基準
真	倫理・分析	直感・感性
善	法律	道徳・倫理
美	市場調査	審美眼

出典：山口周『マンガと図解でわかる世界のエリートはなぜ「美意識を鍛えるのか」』

のアップル社の世界観とストーリーに共感する人たちが、コアなユーザーとなり、企業を支えていくという構図になっているのです。

このような世界観やストーリーを生み出す企業は、人びとにとって「何が」美しいかを提案できる力をもっています。つまり自己実現欲求市場において、機能的な便益や価格競争力よりも、顧客の感性を刺激する情緒的で自己実現的な便益が重要なのだと考えられます。

山口氏は、美意識において自己の評価軸を「真・善・美」の３つにまとめています。

真は、認識のうえで「何が正なのか」、善は、倫理的に「何が良いのか」、美は、審美的に「何が美しいのか」と説き、美意識における判断基準は、複雑な社会であるからこそ、外部ではなく内部に基準をもつことが大事であると唱えています。美意識においての判断基準をまとめたのが表１です。

現代のビジネス社会において、「美意識」の向上は、「真・善・美」をもとに、次のような４つの認識基準が必要ではないかと山口氏は述べています。

＊従業員や取引先の心をつかみ、ワクワクさせるような「ビジョンの美意識」
＊道徳や倫理にもとづき、自分たちの行動を律するような「行動規範の美意識」
＊自社の強みや弱みに整合する、合理的で効果的な「経営戦略の美意識」
＊顧客を魅了するコミュニケーションやプロダクト等「表現の美意識」

これらの「美意識」を兼ね備え、「美意識」を高めることで、イノベーションが起こり、世のなかに新たな価値を提供するのです。その結果、企業として利他的な振る舞いになり、人びとから共感され、企業の発展につながっていくのだと考えます。

2. 道とは

「道」とは広辞苑によると、人や車が通行するための所を意味することと、人の従い守るべき正しい教え、道徳などの教え、道理。また学問・技芸などの専門分野であり、分野それぞれのやり方のことを示しています。

さて、このような日本の「道」はどのように始まったのかを歴史的観点から紐解くと、古代中国の哲学者の老子が「道（タオ）」という思想を語ったことが始まりではないかといわれています。それ以降「道」という言葉は「物ごとの本質」あるいは「本質に迫ろうとする生き方」を意味する概念として使われるようになりました。日本古来の神道もこの「道」という概念の影響を受けていると考えられています。

「道」には大きく2つの領域があり、まず、剣道や柔道といった武術の領域、もう1つが、茶道や華道、書道に代表される文化的な領域です。どちらの「道」も共通するのは、結果よりもプロセスを重んじ、高みをめざして努力する「在り様」を表現しています。

つまり到達点に至らなくても、そこに向かうプロセスに意味があるのが「道」の考え方であり、努力を重ねる営みそのものを「道」と呼び、地道な積み重ねで培った精神性に価値を見いだすことなのです。「道」には終わりはなく、武術でいえば、「自分の技が完成した」「負ける相手はいない」といったこと、文化的には、「これ以上の向上はない」「高みに到達した」と考える時点で「道」ではなくなってしまうのです。

西洋では「道」という考え方はなく、物ごとを達成した結果に価値があります。

日本の「道」という考え方は、「人生、道半ば」といった言葉にあるように、いつまでも完成に至ることなく、道の途中にいることが重要であり、未熟だからこそコツコツと努力を重ね、前に進もうとする姿を、日本人は美しいと感じ、称賛するのだと思います。

つまり「道」には「未完の美」が存在し、そこに価値を見いだすことが、日本人の「美意識」なのかもしれません。

ここで、「道」の価値観である精神性を表したものに「武士道の7つの徳」があります。

これは、武道における「礼節」と「清浄の美」を明治時代の思想家である新渡戸稲造が、海外の人びとに日本人の道徳観として理解してもらうために記したもので、次のとおりです。

＊義（正しさ）：人として必ず守るべきものであり、最も重要視された価値
＊勇（勇敢さ）：正しいことを「為《な》す」こと、そのための何事にも動じない精神
＊仁（情け）：他者を思いやる心であり、上に立つものとして求められる徳
＊礼（敬意）：他者を尊重し思いやる心、寛容にして慈悲深い心の価値
＊誠（誠実さ）：「言」ったことを「成」す、嘘やごまかしを認めない誠実さ
＊名誉（個の誇り）：人間の尊厳であり恥の感覚、武士にとって命よりも重い価値
＊忠義（主君への忠誠）：個人を越えて公を重んじる精神

７つの徳のうち、名誉（個の誇り）は、虚栄心のようなものではなく、周囲に惑わされることなく、自分の言葉に責任をもって行動することを表しています。そして「礼」は、他人に対する思いやりを目に見える形で表現する振る舞いを意味します。また武士道の基本として、不正な行為は恥ずべき行為とする心の在り方を示しているのが、「義」であり、品格を重んじていることを表しています。

７つの徳から理解できることは、「誠」「正直」「ありのまま」「飾らない」といった純粋さにも価値を見いだしており、これは「清浄な心」を意味します。「道」とは、日々の鍛錬をとおして

心を磨き、清らかな心をもって、社会に資する人間になることをめざすことを示し、表現していると考えられます。

第2節　美道五大原則

山野美容芸術短期大学の創始者である山野愛子が提唱した「美道」には「髪」「顔」「装い」「健康美」「精神美」という5つの原則があり、それらを美道五大原則と呼んでいます。

「髪」「顔」「装い」は目に見える「外見の美」、それに対して、「健康美」「精神美」は、目に見えない、外見には現われない「内面の美」のことを示しています。

人は美しくなりたいと考えるとき、外見の美しさだけではなく、内面の美しさも含めて、美しくありたいと願います。社会との関わりのなかで生きているので、「美しく見せたい」「好かれたい」「認めてもらいたい」という欲求も少なからずあります。けれども、見た目を良くするだけで「美」をとらえてしまうと、「美」の本質に至れないと考えます。

山野愛子は、美容の技術で人を美しくするための要素である「髪」「顔」「装い」の三原則を追究するだけではなく、「美」の本質には、内面の美しさも重要であるという考えから「健康美」「精神美」を加え、美しさを追究するには五大原則が不可欠なものとして唱えたのだと思います。

美しくなろうとすることは「自分をないがしろにしない」という考えもあります。

たとえば、髪を整え、自分に合った化粧を施し、状況に合わせた身なりを装い、健康的な印象を人に与え、相手を思いやる立ち居振る舞いをすることで、人や社会に対して「恥ずかしくない自分」になることができます。それが、自信や前向きな気持ちとなり、活力を持ち合わせることにつながります。そして、心が満たされ、豊かになったとき、美しさを放つことができます。この瞬間、人はその人のことを「美しい」と認めます。利己的ではなく、利他的な考えや発想を持ち合わせていないと、心の健康や精神的な美しさを備えることはできません。

1.「美」と「自分らしさ」

次に、日本人にとって、美しさを意識した「自分らしさ」とは、どのようなことなのか、文化を通して考えます。

日本人と欧米人の「自分らしさ」の概念には違いがあります。日本人は、自分が人にはどう映るのか、どのような印象を与えるのかを気にします。一方、欧米では、個性を尊重し、自分がどのように考えるのか、またどのような価値観をもっているかが重要で、他者よりも自己を優先します。

他者から見える部分を意識することを「公的自己意識」といいます。

公的自己意識とは、自己意識を公的で外面的な側面（容姿や行動）に向けることです。具体的には、自分が周りからどう見られているか気になる、人に良い印象を与えようとする、自分の容姿をいつも気にする、などが挙げられます。

対義語として「私的自己意識」があり、自己意識が私的で内面的な側面（感情や態度）に注意を向けることを示します。具体的には、自分の感情に注意を払う、行動を常に把握する、自分を客観的にとらえる、などが挙げられます。

「結婚式で１００人の前でスピーチをする」ことを想定してください。

感情として「失敗して恥をかきたくない」という意識が「公的自己意識」であり、「スピーチに集中しよう」という意識が「私的自己意識」です。

日本人は「公的自己意識」が高い民族であると考えられ、「自分らしさ」を積極的に前面に出すことを好まず、むしろ「自分らしさ」を隠し、強調しないことが美徳であるとされてきました。

化粧文化を研究する村澤博人氏によれば、「正面顔文化」と「横顔文化」の違いがあると述べています。

「正面顔文化」は、日本の浮世絵のように、人物の顔が、正面もしくは斜め前から見た構図が多く、欧米の「横顔文化」は、人の顔を横から描いた構図が多いとされています。コインに描かれた顔は、ほとんどが横顔であり、凹凸が表現しやすく、特徴をとらえやすくなっています。また「正面顔文化」は、顔隠しといわれ、顔や形を直接表現しないで、歌舞伎の白塗り化粧のように、顔の凹凸を不鮮明にして存在感を隠す文化であり、西洋文化の横顔文化が、特徴を前面に出し存在感を表現することとは真逆といえます。

服装も同じで、日本の着物は、反物から直線で断たれたパーツを組み合わせて平面的につくられており、体の凹凸が出ないように、胸を押さえ、幅広い帯を締めて寸胴に見せ、体型を隠します。西洋の洋服は、曲線で断たれた複雑なパーツを組み合わせて体に添わせて立体的につくられ、体のラインを強調するためにコルセットでウエストを締め、スカートをふんわり広がる形に仕上げています。

まさに、「自分らしさ」を隠す日本文化と「自分らしさ」を表現する西洋文化の違いがあることを顔や服装の文化からも理解することができます。「自分らしさを隠す」日本の文化は、奥ゆかしさがあり、個を主張せず、不快な思いをさせない配慮、細やかな気遣いなどが根底にあります。言葉にしなくても感じ取る空気感を醸しだし、相手に心地よさと驚きと感動を与えるものでもあります。

これは日本人特有のコミュニケーション術で、体験や感覚、価値観など、言葉なしで意思伝達が行われ「空気を読む」「状況を察する」というような、説明が少なく、表情や声のトーン、体の動きなど、行間を読むことが求められるハイコンテクスト文化につながっているのだと思います。

このように日本では他者への意識を背景に、独自の文化が育まれてきました。

そして「自分らしさ」はひとつではなく、時と場所と相手などにも配慮し、己を演出しています。たとえば、家族と自分、友人と自分、職場や学校と自分など、相手や場所に応じて自分を使い分け、社会に適応しています。その際の「外見の美」に属する美道五大原則の「髪」「顔」「装い」は、社会と自分をつなぐ窓のようなものです。

「自分らしさ」はいくつも存在し、それらを使い分けしながら社会生活を営み、自分が納得し、場面に応じた自分を「髪」「顔」「装い」で表現します。これらを包括する美容は、自分を社会に調和させ、より良く生きていくための手段として使えます。また、社会生活をより心地よいものに変えていく力があると考えられます。

「美」が外見を飾り立てるだけの美しさだけでは人生を豊かさにすることはできません。心も体も健康で、利他的な気持ちで精神的な美しさを追究し、自分らしく生き、自律的に生きていくことが、美しく生きるうえでの重要なポイントです。利他的な美の追究とは、表面的な美しさを追い求めるのではなく、美をとおして、その人らしさを引き出し、内面から輝けるように働きかけ、他者とともに幸せを求めることだと考えます。

2. 外見の美―「髪」「顔」「装い」について

ここで、美道五大原則を紐解いていきます。

髪は「自分らしさを演出する髪型」、顔は「自分らしさを演出する容貌」、装いは「自分らしさを演出する装い」、健康美は「自律した生活の礎となる心身」、精神美は「他者を尊重し社会に奉仕する自律した心」と山野愛子は、唱えています。

髪は自分の一部であり、髪型は、社会性を帯びていると考えられます。つまり髪は、生まれながらにもっている髪色や髪質があり、その人固有のもので、その人自身を表します。たとえば髪にはＤＮＡなどの遺伝子が含まれ、個人を識別するひとつの方法としても認識されているように、自分の一部と言っても過言ではないと考えます。

形を変えられるという特徴があり、自在にアレンジし、表現するのが髪型です。

髪型は、時代の影響を受けやすく、流行にも左右され、職業を表すこともでき、美意識にもつながるため、社会性を持ち合わせています。

具体的には、人気スターに憧れて１９８０年代は、ストレートで長めの髪を一定の長さに切り揃えたワンレングスカットが流行し、２０００年代は、サッカーのワールドカップで活躍したデビッド・ベッカム選手のソフトモヒカンが若者の間で人気を集めました。職業では、日本の相撲などでは、髪型で力士であることが一目瞭然です。髪型で階級を表すことができ、髷の先をイチョウの葉のように広げた大銀杏《おおいちょう》と、髪をちょこんと結ぶ丁髷《ちょんまげ》があり、大銀杏を結えるのは十両以上の力士（関取）で、本場所や公式行事のときに結える髪型とされています。このように、髪は自分の一部であり、髪型は社会性を表現するといえます。

次に「顔」についてです。

顔は、その人自身を表し、化粧は、どのように表現するかで社会とのつながりをもつこともできます。顔には表情があり、人の心のうち、喜怒哀楽などの感情を表します。

日本人にはハイコンテクスト文化があり、言葉で伝えなくても、相手の表情から相手の感情を読み取ることに長けています。笑顔は他者に活力や安心感を与えることもできます。顔を隠すことが奥ゆかしく慎ましやかとされてきたように、あまり素顔を見せない歴史があり、現代でも化粧が女性の身だしなみとされ、社会生活に根づいています。

高齢者施設で、女性にボランティアで化粧を施した際に、久しぶりに化粧をしたことで、あまり表情を豊かに見せなかった人に笑顔があふれ、別人のようになりました。また、化粧をした顔を褒め合って施設の雰囲気が変わり、喜ばれたりします。このような反応からも、化粧が自分と社会をつなぐものであり、自分を肯定するきっかけになることが理解できます。

顔には「自分らしい顔」というものがあります。場をわきまえた髪型や服装があるように「顔」にもその場そのときを意識して、自分の顔を表現します。結婚式の華やかな化粧も、葬儀に参列するときの控えめな化粧も、高齢者の笑いジワがある素顔の自分も、自分らしい自分です。最近では男性も化粧をする人が増えており、化粧は女性のみが施すものという概念も覆されています。つまり、人は自分が納得するその場面での自分を「顔」で表現するのだと考えます。

「装い」は、髪型や化粧以上に「なりたい自分」を自由に表現することができます。その人の立場や主張といったものを強く打ち出すこともでき、たとえば、制服を身につける職業で、警察官は階級章で立場を表現します。女性の着物は、袖の長さで未婚・既婚を表現し、洋服では、色やデザインで自分の好みを主張します。

日本人は、髪色や肌の色の大きな違いがないので、その分「装い」でメッセージ性を出し、「自分らしさ」や「なりたい自分」を表現します。「装い」におけるファッションは、時代を表現しており、時代によって「よし」とされるものは、大きく変化します。

　１９８０年代後半のバブル時代と呼ばれる頃の服装は、肩に大きなパッドを入れ大きく見せるシルエットやボディコンシャスといわれた体に沿ったシルエットが流行しました。これは「強さ」や「威厳」の意味合いを含めた装いともいわれています。バブルが崩壊した１９９０年代では、グランジ・ファッションという穴が空いたデニムジーンズを着用する装いや、着古して擦り切れたネルシャツを着るファッションが世界的に流行しました。そもそも生活が困窮していた人が着ていた装いでしたが、有名なファッションデザイナーがコレクションとして発表したことで、それまでのデザインに対する価値観や概念を変えた一例です。

　まさに「装い」は、時代の移り変わりを映し出し、「自分らしさ」や「なりたい自分」を表現しているということです。

3. 審美的欲求とは

　美道五大原則のなかの「外見の美」について考えてきましたが、そこで美しさを求めるという感情に着目してみます。美しさを求めるという感情は、人が生きていくうえでとても自然な感情であると考えられます。

アメリカの心理学者であるA・H・マズローは、人の成長のなかで「美」は必然であると唱え、心理学者のE・ヒルガードは、欲求7段階として、人には審美欲求が存在することを示しています。

第1段階：生理的欲求（食物、水、空気、性等）
第2段階：安全の欲求（安定、保護、恐怖・不安からの自由等）
第3段階：所属と愛の欲求（集団の一員であること、他者との愛情関係等）
第4段階：承認（自尊心）の欲求（有能さ、自尊心、他者からの承認等）
第5段階：認知の欲求（知ること、理解すること、探求すること）
第6段階：審美的欲求（調和、秩序、美の追求）
第7段階：自己実現の欲求（自分がなりうるものになること）

生活基盤が確立し、自尊心や他者からの承認も得られている状況では、精神的余裕ができて「審美的欲求」が発生すると考えられます。

社会とつながることは、他者との関わりがあり、そのなかで自己表現が必要となります。審美的欲求である「美しくなりたい」「美しくありたい」は、自分の存在を大切にすることであり、自身の尊厳にもつながり、美しさをもって他者に認められたいという感情が沸いてきます。つまり美道五大原則の「外見の美」に関わる「髪」「顔」「装い」は、「審美的欲求」を満たす重要な役割を担っていると考えられます。

4. 内面の美―「健康美」「精神美」

次に、「内面の美」である美道五大原則の「健康美」「精神美」とはどのようなものか考えていきます。

「健康美」とは、体だけではなく、心も含めた「心身の健康」を意味しています。

ＷＨＯ（世界保健機構）では、１９４８年に「健康とは、肉体的、精神的及び社会的に、完全なる良好な状態であり、単に疾病または病弱が存在しないことではない。」と定義しました。

しかしながら高齢化社会においては、健康上の問題で日常生活が制限されることなく生活できる期間が健康寿命として定義され、肉体的、精神的および社会的に心身が仮に完全な健康状態ではなくても、日々の社会生活を送ることができます。つまり病気や障がいがある人も含めて社会が構成されており、「健康美」とはすべての人がめざすものなのです。

「健康美」とは、自分なりの目的をもって生きることをめざすことで、それを「健康で美しい」ととらえることができ、いかなる状態であっても、自律した生活を送ることをめざすことが「美しい」と認識されるのです。ここでの「自律」とは、誰の手も借りず、何でも自分でできることを意味するのではなく、その人なりに動かせるところを動かし、使える能力を最大限活かすことです。

その人がめざす生活を実現しようとする態度を「自律した生活を送っている」とし、思い描いた生活や人生を送ることをめざす姿であるといえます。この自己実現をめざす姿こそ、人は美しいと感じるのではないでしょうか。このような姿が美道五大原則の「健康美」を示していると考えられます。

次に「健康美」に美容がいかに寄与するかについて考えます。美容は、健康のレベルを上げることができるひとつの手段です。健康が害され健康レベルが下がったとき、それ以上の下降を食い止めること、現状を維持することは、とても重要です。

高齢者が、化粧をすることで前向きな気持ちになり、徐々に自信をつけ、チャレンジする意欲が芽生え、体調が少しずつ回復し、おむつが取れたという事例があります。それは、自分の意思でトイレに行こうという前向きな気持ちが芽生え、自分なりに思い描く生活をめざしているからだと思います。

長年自宅に引きこもっていた人が、手入れをせず伸びている髪を、思い切ってカットしたことで、表情に明るさが戻り、気持ちが前向きになり、体の不調が緩和され、社会復帰できたという事例もあります。つまり美容を通して、気持ちの切り替えをすることで、心の健康を保持し、それが身体の健康のレベルアップにも影響をおよぼすことがあり得ると考えられます。

健康も美しさも現状より少しレベルが上がるだけで、人は幸せを感じることができ、共に喜びを分かち合えることが、美容の醍醐味といってもよいでしょう。そして自分らしく生きるための心と身体の健康を求めて前向きに生きることに働きかけることが、「健康美」であり、美容はその健康美の一助になる存在です。

「精神美」について考えましょう。

「健康美」で語った、健康と美しさは、自分なりに思い描いた生活や人生を送ることを実現するためのものであり、「精神美」は、それらを活かして、他者に役立てようとすることです。つまり「精神美」は、他者を尊重し、社会に貢献する振る舞いのことを示します。たとえば心も身体も健康な状態の人が、さらに健康と体力を得るために身体を鍛えて自己を満足させ、自分が思う人生を送ることは「健康美」であり、その鍛え抜かれた心と身体を使って、スポーツ競技をし、観ている観客を感動させ、幸せなときを与え、その結果、他者を満足させることで自分の喜びを得ることができれば、その人の生き方は「美しい」といえるのではないでしょうか。そこにいたるまで、日々の努力の積み重ねがあり、簡単なことではないからこそ、人は感動し、刺激を受けることができるのだと思います。

「精神美」では、「自分自身のため」、つまり利己的な視点から、一段上がった視点である「周囲のため、広く社会のため」に自分がもてる能力を最大限に活用し、利他的な視点を持ち合わせて接することができることを示します。

また自分が得たものを他者に分け与え、より多くの人が幸福になれる社会を創造することに取り組む態度や姿勢が「美しい生き方」として、他者からも認められ、ひいては自己を肯定することができるのだと思います。

人は他者との関係性で自分の存在意義を見いだし、社会的な活動を通して、自分を大切にし、自分の働きかけで他者の喜びを引き出します。他者が満足することによって、自分の心も満たされていくのではないでしょうか。

「精神美」において、美容という方法を用いるということは、専門的な知識や技術をもって他者が望む美しさを、自らの力で表現し、他者がさらに豊かな人生を送ることができるように、美容を通して働きかけていく行為です。この働きかけは、専門的な知識や技術を必要とし、研鑽し続けることが、己のためだけでなく他者の役に立つことも含まれているので、日々努力することができるのだと思います。つまり、人は自分のためだけの自己研鑽は、継続が難しく、利他的な振る舞いや発想があってこそ、人として望ましい姿があり、その結果、喜びに溢れたものになるのではないでしょうか。

この「精神美」は「ホスピタリティ」や「おもてなし」の考え方にもつながり、利他的な発想と行動が「美しく生きる」ということに結びついてきます。

美道五大原則をもとにした美道とは、「美しくなる喜び、これから得られる人生の豊かさを関わるすべての人と分かち合い、外面と内面の美しさを通して、美しく生きることをめざすこと」であります。

第3節　サービス、おもてなし、ホスピタリティとは

２０２０年の東京オリンピック招致のプレゼンテーションで「おもてなし」という言葉が取りあげられました。この「おもてなし」という考え方は、日本が古《いにしえ》から培ってきた文化であり、世界に誇れる伝統でもあります。一方で、よく耳にする「サービス」「ホスピタリティ」とは、どのようなものなのでしょうか。

この章では「サービス」「おもてなし」「ホスピタリティ」に着目し、ビジネスにおける無形の価値について言及していきます。

1. サービスとは

「サービス」とは、おもに有形と無形の対比で論じられ、商業などで物質的財貨を生産する過程以外で機能する労働や、用役、役務を示す言葉で使われ、顧客のための奉仕のことを意味します。また商売で、値引きしたり、おまけをつけたりするとき「買ってくださればサービスします。」といった場面の有形の追加価値の意味でも使われます。「サービス」の特性は、売り買いした後にモノが残らず、生産と同時に消費されていくものととらえる「同時性」であり、品質が一定ではない「不均質性・変動性」もあります。生産と消費を切り離せない「不可分性」があり、形がないので在庫にできない「消滅性」も存在します。触ることができない、はっきりとした形がな

図1　サービス提供者とサービス享受者の関係

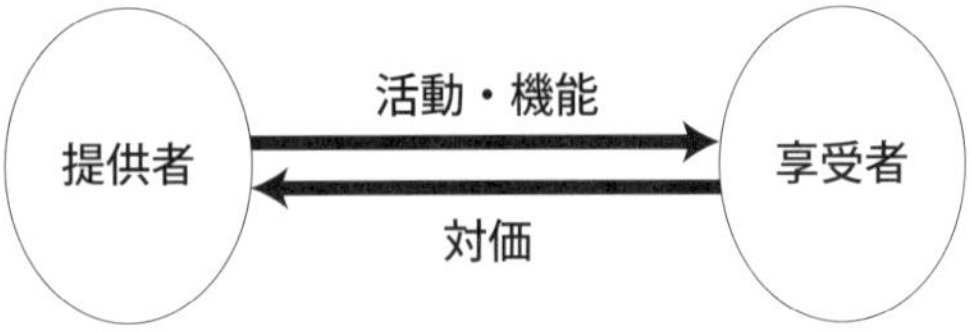

出典：吉原敬典『ホスピタリティマネジメント』

い、商品を購入する前に見たり試したりすることができないといった「無形性」もあります。

「サービス」という言葉の語源は、ラテン語のServusからなり、この言葉からSlave（奴隷）やServant（召し使い）という言葉が生まれています。他者に仕える、奉仕するという意味あいがあり、人間性の関係では提供者から享受者への一方通行の活動となり、その対価として報酬を得ます。その内容を示したものが、図1です。

この図で示す「活動・機能」は、具体的な形としてのモノではなく、行為そのものを示し、その行為を提供することで、対価を得るのです。電車に乗る際、移動するためのツールを利用し、その対価として運賃を支払い、また、子供の保育や老人介護も、無形の活動に対して、対価を支払います。

一方で、モノは販売されませんが、モノを介してサービスが提供されることも実際にはあります。ＰＣや携帯という有形なモノにアプリケーションをダウンロードして、サービスを受けることや、飲食店での食事は有形ですが、有形なモノを得るための付随する接客行為は無形です。つまりここでのサービスとは、有形性も一部含まれながらも、無形性の行為に対しての対価と考えます。

次に経済学の観点から、「産業」におけるサービスを考えていきます。

産業の三分類で、第一産業は、農林水産業などを示し、第二次産業は、鉱業、製造業、建設業など、第三次産業は、金融・保険業、情報通信業、小売業、サービス業などが挙げられます。ペティ・クラークの法則では、国の経済が発展すると、それにともない国民経済の中心の産業が第一次産業から第二次産業、第二次産業から第三次産業へと変遷すると唱えており、この現象を産業構造の高度化と呼び、多くの先進国では第三次産業が最も大きいＧＤＰの割合を占めています。

第一産業の農林水産業は、気象条件によってその収穫量や品質、大きさなどが大きく異なり、天候の変動の影響を受けやすく、収入に波ができるデメリットがあり、価格の変動に合わせて数量を調整することもできず、供給の価格弾力性は小さくなり、生産性をあげたとしても収益をあげにくい構造となっています。そのため、相対的に経済成長は遅くなり、第一次産業から第二次産業へと産業の中心は推移します。

第二次産業である鉱業、製造業、建設業などの活動が活発になるとモノが多く生産され、世の中がモノの豊かさに充ちます。充ちた後はモノが溢れ、人びとはモノよりもサービスを需要するようになり、第三次産業へと産業の比重が移っていきます。

日本の高度経済成長期を例にとると、１９５５年〜１９７３年までの高度経済成長期の19年間で、日本経済は、年平均で10％もの経済成長を続けました。この時代の特徴が技術革新です。自動車産業、電気機械業、化学工業、造船業などのメーカーが、海外から革新的な技術を採り入れ、新しい設備を導入し、会社の規模を拡大していきました。

また、耐久消費財である冷蔵庫・洗濯機・白黒テレビが〝三種の神器〟と呼ばれ、家電市場の拡大が起こり、人々の生活水準も向上し、耐久消費財の普及が進みました。人びとは、モノの購入に満足し、娯楽などの消費行動に移行し、第三次産業の成長につながっていきます。

次に、サービスを「対価をともなう活動と機能の提供」と定義したうえで、サービスがもたらす価値について考えます。

サービス行為がもたらす価値とは、ホスピタリティマネジメントを研究する吉原敬典氏によると「効率性」「迅速性」「サービスを利用する際の料金体系の明瞭性」「施設・設備面・働く人の身なり等の清潔性」「安全性」を挙げています。

そこで、サービス行為がもたらす価値、つまり前述の５つの「サービス価値」について考えていきます。

１つ目の「効率性」とは、「無駄なく」「無理なく」「ムラ無く」を基本に、より多くのモノを提供できるようにすることで、そのために、業務を標準化し、システム化します。

具体的には業務をマニュアル化し、誰が行っても、品質が一定になり、時間配分も安定し、多くの場面でサービスの提供ができます。イメージしやすいのは、ハンバーガーショップです。マニュアルにもとづき、素材が調理され、商品が包装され、店頭で販売されます。

接客の流れにもマニュアルが存在し、提供される商品と接客は、効率的に安定して享受者の手元に届きます。

２つ目は「迅速性」です。

時間には限りがあり、サービスする側よりも、享受者の視点で解釈することが重要です。サービスにおいては、より早く提供することが求められ、ときには提供する価値に、時間という概念が求められます。享受者が急いでいるときには、コース料理のような時間を要する飲食店を選択せず、ファストフードのような、時間が予測でき、かつ商品の品質が一定で、想像できる商品を選択することが多いと考えられます。その際、「迅速性」が求められます。

３つ目は「サービスを利用する際の料金体系の明瞭性」です。

コンサートやスポーツ観戦などでチケットを購入する際、席によって料金設定が違うことがよくあります。それは、そのサービスを受ける環境の差を料金に反映しているからです。

料金設定の明瞭性を追究することで、享受者がサービスに値する商品価値を料金で理解し、環境の差に対しての不満が軽減されるのです。

４つ目の「施設・設備面・働く人の身なり等の清潔性」では、施設・設備や働く人の身なりなどの清潔さが、選択するうえでの、意思決定の一つとなります。利用したい施設の立地がよく、設備が最新鋭で、働く人の配慮が行き届いていても、清潔感が失われていたら、選択に躊躇してしまい、その価値に対価を払いたくないということもあります。

５つ目の「安全性」は、最も重要です。つまり安全性のうえに他の価値が成り立っているのです。

航空会社では、希望する都市に運航する利便性、予約や搭乗手続き、機内での接客など、あらゆる場面でサービスを受けますが、その航空会社の運航への安全性に信頼がなければ、いくらサービスがよくても選択しないと思います。安全性は命に関わるほど重要であり、事業の生命線にあたる価値であるので、事業継続の根幹にあたります。

サービス行為がもたらす価値とは、「効率性」「迅速性」「サービスを利用する際の料金体系の明瞭性」「施設・設備面・働く人の身なり等の清潔性」「安全性」の特徴をとらえると、共通して想定できる範囲の価値であり、それらの価値を求めて選択の判断をします。

2. おもてなしについて

「おもてなし」という言葉は、至るところでよく耳にするようになりました。この「おもてなし」という言葉の意味はどのようなものでしょうか。

広辞苑によると、おもてなしの語源は、「とりなし」「つくろい」「たしなみ」「ふるまい」「挙動」「態度」「待遇」「馳走」「饗応」とあります。「おもてなし」の言葉が使われるようになったのは平安時代といわれ、源氏物語にも記されています。

時代とともに茶道が発展し、客人や大切な人への気遣いや心配りをする茶道の考え方が相まって「おもてなし」という言葉が世に理解されてきました。日本のことわざで「一期一会」という言葉があります。「一期」は仏教用語で、生まれてから死ぬまでという意味であり、「一会」は、一つの集まりや会合のことを示しています。このことわざは、茶道の心得を表していて、「その茶会を一生に一度だけの機会ととらえ、おもてなしに最善を尽くし、お互いにそのひとときを大事にすること」を意味しています。

茶道の礎を築いた千利休のおもてなしの心得ともいえる、7つの教えをご紹介します。

「利休7則」

1．茶は服のよきように点て、（茶は客人の状況や気持ちを考えて点てなさい）
2．炭は湯の沸くように置き、（準備はポイントを押さえて的確に行うこと）
3．夏は涼しく冬暖かに、（もてなしは、道具や菓子を用いて相手が心地よく感じられるようにする）
4．花は野にあるように活け、（花本来の美しさや生命力を活かし、本質を表現する）
5．刻限は早めに、（何事も準備を怠ることなく、心にゆとりをもって行うこと）
6．降らずとも雨の用意、（どんなときでも臨機応変に対応できるよう、相手のために万全の備えをする）
7．相客に心せよ。（亭主と客人、そして客人同士も、互いを尊重して心を配りなさい）

この7則から理解できることは、客人をお迎えする際、心をこめて準備をすることで、目に見えない心を目に見えるかたちで表現すること、日本特有の美意識である「侘び・寂び」の心にある、表に出過ぎない控えめなものの考え方で、努力や舞台裏を表に出さず、主張もせず、もてなす相手に余計な気遣いをさせないこと、さまざまなシチュエーションを想定し、どのような状況でも対応できる準備を重ねること、などが教えとして挙げられています。

つまり相手を思いやり、細かなところまで心配りをして万全を尽くし、客人が心地よく過ごせる空間の演出をすることが、おもてなしの精神の本質ととらえているのです。

次に「おもてなし」という言葉は、「もてなし」に丁寧語「お」をつけた言葉です。

その語源は「モノをもって成し遂げる」という意味があり、ここでのモノというのは、目に見える物体のモノ・見えない事象のモノの2つを指します。「物や心を使い、お客様に対応する際の待遇・姿勢を良いものにする」ということで、「相手に敬意をはらって接することで、相手に満足してもらう」という意味も込められています。

「おもてなし」は「表なし」が由来ともいわれています。「表なし」という言葉の意味は、心のあり方を示すことで、心の表がないということは、心の裏側もないということにつながります。つまり表裏のない心で「もてなす」という意味ととらえられます。

この2つの語源から、「おもてなし」とは「人に敬意をはらい、対価を求めない心で相手に満足してもらえるように良い姿勢・態度で接すること」という解釈ができます。

提供する側と受ける側の関係性は対等といえます。

「おもてなし」は、互いに敬い、心地よいときを過ごそうという心をもつことで、双方に良い関係が構築されます。また、日本ならではの感性を生かし、五感と心に感動を与えようとすることも特徴といえます。

日本の飲食店ではおしぼりを提供することがよくあります。夏の暑い時期は、冷たいおしぼり、冬の寒い時期には、熱いおしぼりを提供することで、お客様の五感と心に添えるものです。このおしぼりを飲食店で提供する行為に、来日する外国人は、驚きと感動を得たと耳にすることがあります。

つまりこの人、このとき、この場のために尽力する姿勢・態度が大事であり、対等であるからこそ、その待遇に感謝し敬うことで、よりよい時間を過ごせ、そのひとときが感慨深いものになるのです。

「おもてなし」に必要になるのは対価を求めない心です。海外でのサービスにはチップという対価を求める国が多くあります。日本にはそのような文化がほとんどありません。そのため海外の人が日本へ来た際に、チップの文化がないのにサービスの質が高いことに驚く人も多いのです。

これは日本の文化に、対価を求めないおもてなし精神が根づいているからと考えられます。

対価がなくても心を込めた丁寧で質の高い時間と空間を提供することが、「おもてなし」の第一歩になります。

「おもてなし」は、日本で生まれた特有の概念であり、「まごころ」といった精神性や感性を重んじ、裏表のない心で接するという、世界に誇れる日本の文化のひとつといえるのではないでしょうか。

3. ホスピタリティについて

ホスピタリティという言葉は、人と接することが重要な業務のひとつであるホテルやレストラン等のサービス業をはじめ、医療現場でもよく使われています。

ホスピタリティの語源は、ラテン語のHospics（客人等の保護）、Hospicsが変化したHospitalityは「歓待」を意味し、それが英語のHospital（病院）、Hotel（ホテル）、Hospice（ホスピス）などの言葉に変化しました。

ホスピタリティとは、日本ホスピタリティ推進協会によると「接客・接遇の場面だけで発揮されるものではなく、人と人、人とモノ、人と社会、人と自然などの関わりにおいて具現化されるものである。」といわれています。

狭義では、人が人に対して行ういわゆる「もてなし」の行動や考え方を意味し、接客・接遇の場面で使われる行為そのものをホスピタリティといいます。ホスピタリティは一方通行のものではなく、行動に対して感謝の気持ちが芽生え、その喜びが相手に伝わり、同時に自身の喜びとなり、喜びを共有するという関係が構築されます。

すなわち、ホスピタリティとは両者のあいだに「相互満足」があって成立します。お互いに満足し、それによって信頼関係が深まり、価値を高めていく「共創」がホスピタリティにおける重要なポイントと考えられます。

一方、広義には、ホスピタリティが両者にとどまらないことを示しています。社会全体に対して、その構成員が、ホスピタリティの精神を発揮することで、相互に満足感を得たり、助け合ったり、何かを創りあげることができ、それによって社会が豊かになっていくという大きな意味も含まれています。

ホスピタリティはサービスを提供する企業と、それを受け取る顧客との領域で論じられることが多いですが、決してそれだけにとどまるものではありません。

企業活動においては、顧客以外のステークホルダーである従業員や、社会に対してもホスピタリティを発揮することが大切で、それによって社員の働きがいを高め、社員同士がチームとして創造性を高め、社会を豊かにすることで、よい循環が派生し、よい経営環境をつくることもできます。

働きがいを高めることは、ＥＳ（Employee Satisfaction）と呼ばれ「従業員の満足」につながり、従業員が満足することで、さらなる価値創造が生まれます。

ホスピタリティは、より豊かな社会を創りあげることに重要な役割を担うといえます。

前述した吉原氏によると、対等な関係で享受者が評価する価値の観点を、「ホスピタリティ価値」

と呼び、概念は「さり気ないちょっとした気遣い」と「共同して新しい価値を創造すること」であり、「自律」「交流」「対等・パートナー」の3つのキーワードがあると述べています。

1つ目の「自律」とは、当事者の意思が明確に存在したうえで、自ら考え行動することを示します。その際、当事者の主体性を重んじ、自ら関係者に働きかける「自発性」と他者からの働きかけに対して応える「応答性」の行為が積極的に繰り返され、ときに変化する物ごとに対して適応する「柔軟性」も含まれています。

2つ目のキーワードである「交流」は、人が他者に好意や好感をもって交流することで、「安らぎ」「安堵」「癒やし」「温かみ」「和み」「優しさ」「深み」などを感じられる場を創ることができ、快適な時間や空間づくりが可能となります。それは関係者を受け入れる「受容性」をもとに、関係者間の相互作用が促進されて成立します。

さらに、一人ひとりを大切な存在としてとらえ、個々に働きかけ、対応する「個別性」や、関係者の気持ちや感情の領域にコミットし、その気持ちや感情を受け入れていることを表現する「共感性」、関係者の考え方や行動に沿った表現をする「共鳴性」、さまざまな状況を互いに理解し解決するための「学習性」があります。

そしてこの「交流」を通して、お互いの信頼関係が強固なものとなり、自らが安心できると感じる安全な場が創られるのです。

3つ目の「対等・パートナー」は、人と人が関わることで生まれ進展する互いの関係性が、一方的な働きかけではなく、互いが対等の関係にあるイーブン・パートナーであるということを意味しています。

心と心の絆を形成し、責任を分かち合う「連帯性」、互いに頼れる存在となる「信頼性」、互いが力を出し合って、目的に向かって結果を求め合う「補完性」、共に働きかけ、共に活動する「共働性」、互いに力を出し合い、何かを創造する「共創性」を含むことを意味していると理解できます。

ホスピタリティ価値とは、関係性が一方的でなく、相互的であり、主従関係ではなく対等である環境で、相手をおもいやる関係性が生まれ、そこに価値創造が派生すると考えられます。

ホスピタリティとサービスは、混同されてしまいがちですが、比較すると違いがよくわかります。

ホスピタリティにおいては、提供する側とされる側の立場は対等であると考えられます。

それに対してサービスは提供される側が主人であり、提供する側は従者という関係です。

さらに、サービスは顕在化したニーズに応え、ホスピタリティは潜在化したニーズに応えます。

レストランで注文された料理を提供するのがサービスであり、そのレストランで料理を待っているあいだ、泣きやまない子どもに、さりげなく声がけをして気持ちを紛らわすなどの行為がホスピタリティです。

求められたことを実施するのがサービスであり、求められてはいないが、相手の立場に立って主体的に考え、相手が喜び、快適な時間を過ごせるのではないか、と考えて行う行為がホスピタリティといえます。

4．サービス・おもてなし・ホスピタリティの違いについて

ここで、「ホスピタリティ」と「サービス」「おもてなし」の違いについて、一覧にしました。横軸が「サービス」「おもてなし」「ホスピタリティ」を列記し、縦軸は「意味」「英語表現」「語源」「発展」「関係性」「性質」を項目としてあげています。

次に「ホスピタリティ」と「おもてなし」との違いについて考えたいと思います。

「おもてなし」とは「人に敬意をもち、対価を求めない心で相手を満足してもらえるようによい姿勢・態度で接すること」であり、おもに人を対象とした行為を示します。

「ホスピタリティ」は、人への対応のみならず、環境も含めた社会全体に対しての行為と考えられます。

「ホスピタリティ」も「おもてなし」も対等な関係であり、相互作用があります。本書では、「ホスピタリティ」のなかに「おもてなし」が含まれると定義し、その関係性を図2で示しました。

「ホスピタリティ」「おもてなし」「サービス」の関係性と、生活するうえで基本的態度となる「マナー」「モラル」を加えたそれぞれの位置づけを図3で表しました。

サービスとホスピタリティの違いについて比較したのが表3です。

表2　サービス　おもてなし　ホスピタリティの比較表

項目 特徴	サービス	おもてなし	ホスピタリティ
意味	奉仕する 仕える	「もてなし」の丁寧語	歓待 さまざまな相手を おもいやる
英語表現	Service	—	Hospitality
語源	ラテン語Service セルヴィタス 意味：奴隷	持って成す：モノを 持って成し遂げる 表裏なし：表裏のな い心で接すること	ラテン語Hospics ホスピス 意味：客人等の保 護
発展	英語 slave「奴隷」 srevant「召使い」	—	英語 hospital「病院」 hospice「ホスピス」
関係性	主従関係 対価が発生	主客対等 対価を求めない 提供者の姿勢・心を 込める	主客対等 対価を求めない 相手に対するいた わり おもいやり
性質	いつでも どこでも 誰にでも	この時・この場・ この人 その人がいない時も 心を配る	この時・この場・ この人 人のみならず、社 会や自然など広大

出典：吉原敬典『ホスピタリティマネジメント』を参考に筆者作成

おもてなしは、図2で示したように、ホスピタリティに含め、横軸に概念である「サービス」と「ホスピタリティ」、縦軸に顧客価値等の10項目を列記しました。

5. ビジネスにおけるホスピタリティとは

組織が永続して存続するには、利己的ではなく利他的な考え方や発想が不可欠だと考えられます。互いにWIN-WINの関係をもつことで、経済的継続性が高まります。自己利益だけを追究し最大化を図るのではなく、他者を受容し、他者利益

図2　ホスピタリティとおもてなしの関係

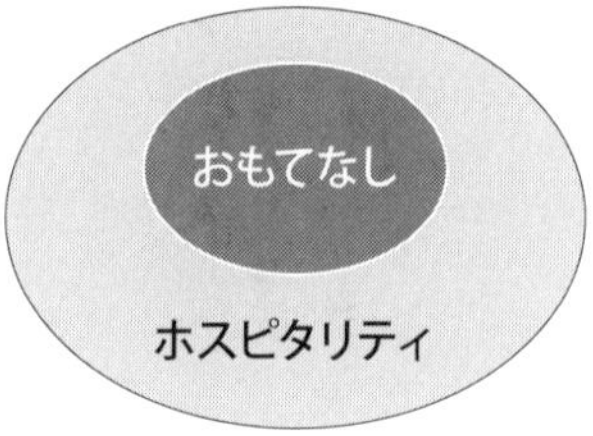

出典：筆者作成

図3　ホスピタリティ・おもてなし・サービスの関係図

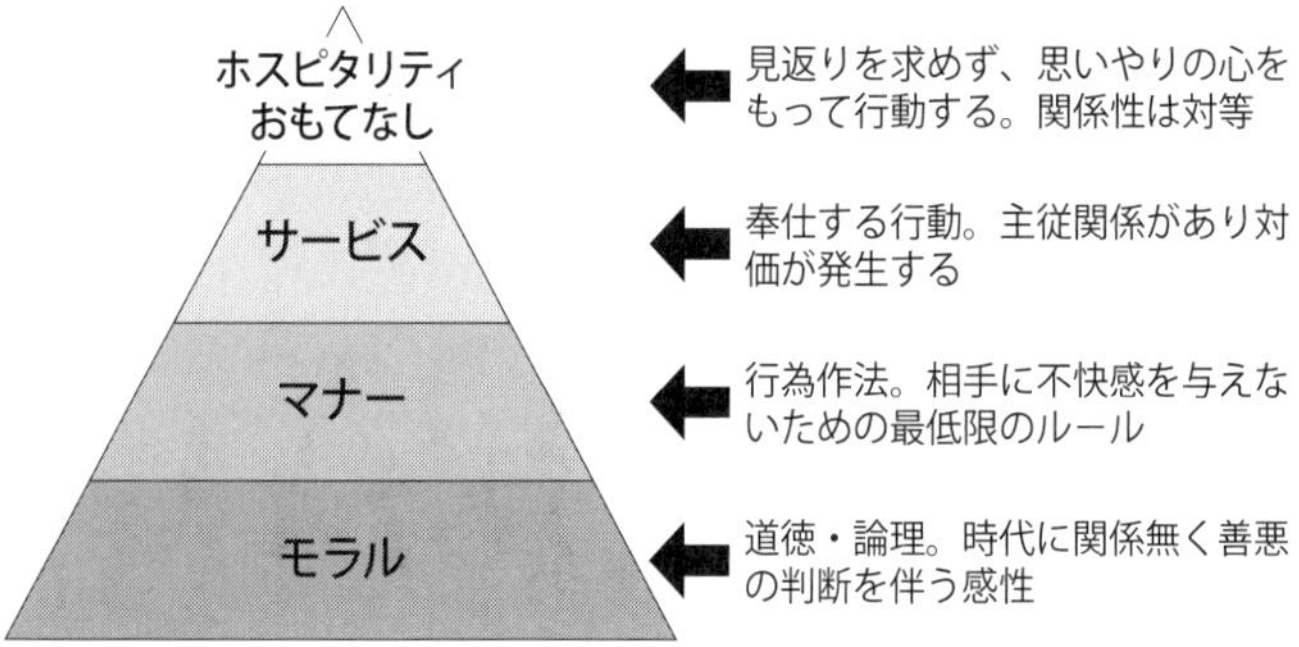

出典：筆者作成

に重きをおき、他者が評価する価値を共創し、他者と自己が互いに共存し、高め合える可能性を追究する活動であると考えられます。

　このような活動を本書では、ホスピタリティマネジメントと定義し、ビジネスにおいてホスピタリティ価値を追究することの社会的有益性を考えていきます。

　ホスピタリティ価値を意識して共創したビジネスとして、TSUTAYAとスターバックスコーヒーがコラボレーションして、滞在型の書籍店舗を全国展開し

表3　サービスとホスピタリティの相違点の一覧

項目＼概念	サービス	ホスピタリティ（おもてなし）
顧客価値	サービス価値	ホスピタリティ価値
目的	効率性の追求	価値の創造
人間観	道具的	価値創造的
人間の特徴	他律的・受信的	自律的・発信的
関係のあり方	上下・主従的	対等・相互作用的
関わり方	一方方向で固定化している	共に存在し働きかけ合う
組織形態	階層的	円卓的
情報	一方向・伝達的	共感的・創造的
文化	集団的・統制的	個別的・創発的
成果	漸進的	革新的

出典：吉原敬典『ホスピタリティマネジメント』

た例が挙げられます。

ＴＳＵＴＡＹＡがめざす、ライフスタイルに革命を起こすような仕組みを創りたいという企業の考えがありました。具体的には、生活を新しくするインフラやプラットフォームの提案で、つまり「こんな生活はどうですか」と、ライフスタイルの提案をして、それを誰でも利用できるインフラを整備したいという発想でした。

一方で、スターバックスコーヒーでは、企業のミッションに唱っている「人びとの心を豊かで活力あるものにするために一人ひとりのお客様、一杯のコーヒー、そしてひとつのコミュニティから」という考えがあり、家でも職場でもない「サードプレイス」の提案など、時代の空気を感じ取りながら、新たな価値を生み出す文化がありました。

そして双方の企業が相まって提案されたのが、まだ購入していない本を手に取り、コーヒーを飲みながら心地よい空間と時間を、本と一緒に過ごせる場所の提供でした。そのような店舗を全国展開させることで、インフラが整備されました。

この価値は、双方ともＷＩＮ‐ＷＩＮの関係が構築され、今まで経験したことのない新たな心地よい体験が実行されることで、他者利益（享受者利益）につながり、享受者が評価する価値を共創したことになります。

今までの価値である書籍を販売するサービス価値とコーヒーを提供するサービス価値を超え、それぞれの企業の事業性や強みを生かした「共創」により、ホスピタリティ価値が生まれ、組織が繁栄していく構図となったのです。

他にも、ビューティービジネスのウェディング事業は、１組のカップルに対して、ウェディング全般の企画・プロデュースするプランナーが存在し、料理はシェフ、会場の装花はフラワーデザイナー、衣裳はドレスショップが希望を叶え、理想とする結婚式を事業パートナーと共創して創りあげることをゴールとしています。

その際、本来のウェディング事業者だけでは限界があることも、さまざまな事業パートナーとの共創に磨きをかけることにより、満足度を上げ、その経験値が積み重なることで、新たな価値が生まれ、収益をあげるチャンスにもつながっていきます。

成熟した社会において既存の事業の枠組みでは、差別化や新たな事業展開の突破口を見いだすことが難しいため、共創による新しい価値の創造は、組織が永続的に存続するうえの重要な要素となり得ると考えられます。

共創による新しい価値の創造を行うには、ホスピタリティマネジメントを組織として取り組むことが望ましいのです。

ここで、ホスピタリティマネジメントの全体的な構造を説明します。

ホスピタリティマネジメントの組織としての取組みは、6つの視点が挙げられています。

第1は、土台としての「礼儀」「態度」「節度」「物腰」「ルール」「約束事の遵守」などがあり、それは他者に失礼がない態度・振る舞いが求められます。第2は、基本としてサービスの提供があり、効率性の向上が目的にあります。第3は、経営の重点としてのホスピタリティ価値の創造と提供です。第4は、経営の方向としての「経営理念」「経営戦略」「経営計画」の立案と実行、第5は、人的資源管理、第6に物的資源管理があります。

この内容を図式化したのが、図4です。

ホスピタリティマネジメントの目的とは、企業と顧客、双方の利益を生み出すことであり、それは金銭的・物理的なものに限らず、精神的なことも含まれます。その目的を達成するために、礼儀や節度、態度等のうえにサービス価値が存在し、サービス価値を高めるために、システム化や機械化等の発展で効率化が進みます。そしてサービス価値が研磨され、更に創造による新たな価値が生まれることがホスピタリティ価値です。

それらに加え、企業組織内で人的資源管理や物的資源管理がスムーズに行われ、組織として絶

図4　ホスピタリティマネジメントの全体構造

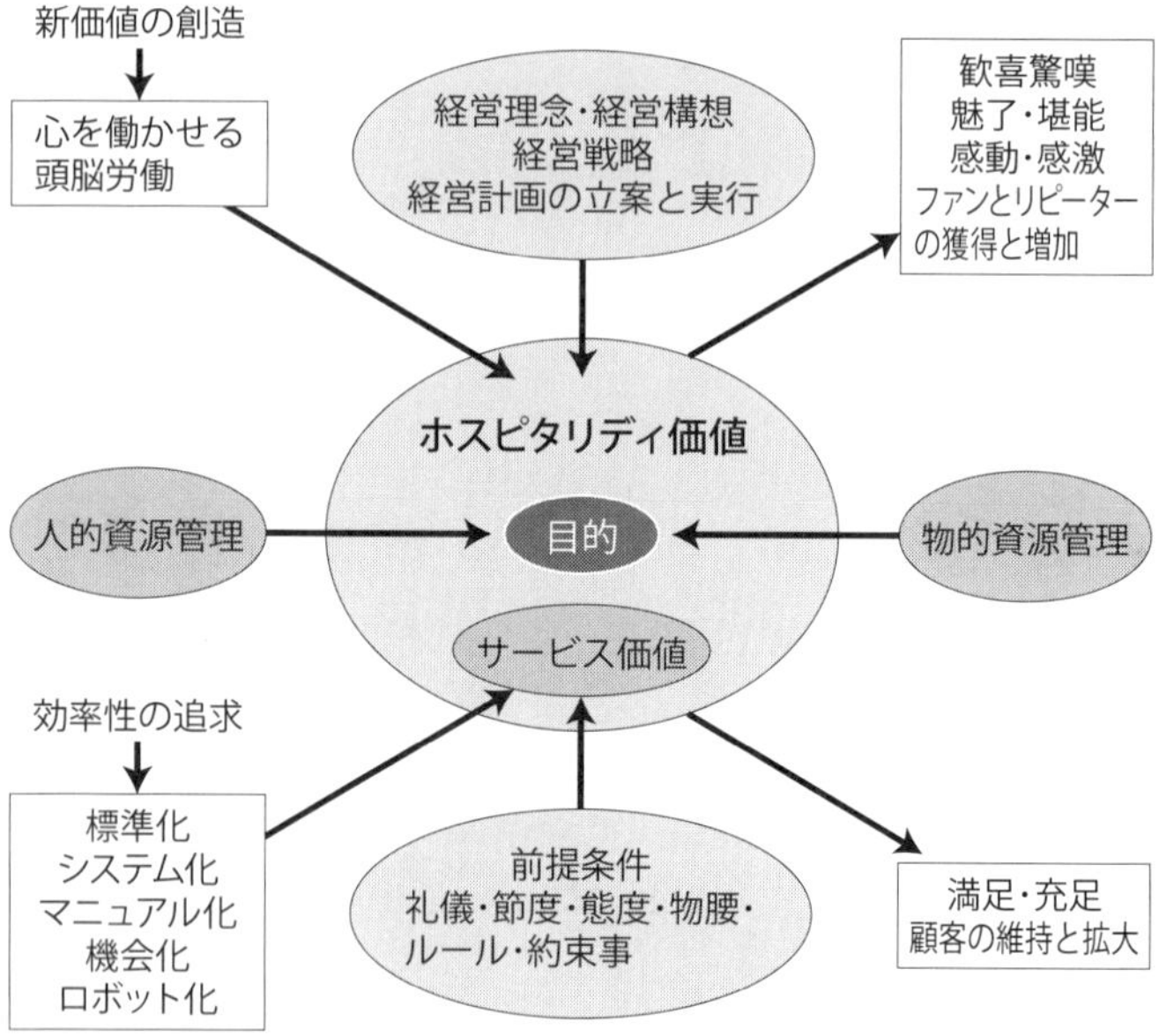

出典：吉原敬典『ホスピタリティマネジメント』

対的に必要な経営理念や経営構想、経営戦略などが行為そのものに大きく寄与することで、ホスピタリティ価値が創られます。

感動や歓喜を得て、それをもとに顧客が提供されるものに新たに価値を見いだし、ホスピタリティ価値に満足し、顧客が拡充していく構図となります。結果的に、提供側の利益につながり、組織としての経済的継続性が高まっていくのです。

具体例として、オリエンタルランド社が運営している東京ディズニーリゾートが挙げられます。訪れるゲストが現実と切り離されたひとときを過ごすことができるように、キャストと呼ばれるスタッフは、ゲストを常に意識した態度で、勤務しています。さまざまな役割を担うスタッフを雇用し、人的資源管理やアトラクションのスムーズな運営のために24時間体制で、物的資源の管理を行っています。また、ゲストがパーク内で楽しく、円滑に過ごせるように、さまざまな場面のシステム化・マニュアル化・機械化を推し進めています。そして常に新たなことに挑戦し、それぞれの能力を最大限に発揮し、磨くことで創造し、新たなる事業の源泉を見いだしています。

経営理念として「自由でみずみずしい発想を原動力にすばらしい夢と感動、ひととしての喜び、そしてやすらぎを提供します」が唱われているように、この企業の思いが、一人ひとりの提供者に浸透することで、ホスピタリティ価値が生まれ、その結果、顧客が感動し、リピーターとなり、企業が発展しています。

次にサービス価値とホスピタリティ価値を顧客価値の観点で考えていきます。それらを図式化したものが表4です。

サービス価値には、基本価値と期待価値があります。

基本価値は、「顧客に提供するにあたって、基本として備えておかなければならない価値要因」であり、期待価値は、「顧客が選択するにあたって当然期待している価値要因」のことです。

ホスピタリティ価値には、願望価値と未知価値があり、願望価値は、「期待はしていないが潜在的に願望していて、提供されれば評価する価値要因」のことです。未知価値は、「期待や願望を超えてまったく考えたことのない感動や感銘、驚嘆を与え魅了する価値要因」のことを示して

表4　価値の段階表

<table>
<tr><td>未知価値</td><td rowspan="2">ホスピタリティ価値</td></tr>
<tr><td>願望価値</td></tr>
<tr><td>期待価値</td><td rowspan="2">サービス価値</td></tr>
<tr><td>基本価値</td></tr>
</table>

出典：吉原敬典『ホスピタリティマネジメント』

います。

特に未知価値は、享受者の想像を超えた結果となり、享受者にとって特別な価値となり得るものと考えられます。

顧客の期待と結果を比較すると、結果としての成果が期待通りの場合は、満足度において当たり前であり、顧客の価値としては、基本価値や期待価値に留まり、顧客の行動としては、他店、他社に移行する可能性が発生します。

結果としての成果が期待を下回った場合、満足度は不満となり、他店や他社に移行するばかりではなく、場合によってはクレームとなり、さらには企業や店舗の評価が著しく下がり、経営に大きく悪影響を及ぼします。

結果としての成果が期待を上回る場合は、顧客の心境は満足にあたり、顧客の価値としては、願望価値であり、顧客の行動としては、リピートする可能性が高くなります。

結果としての成果が期待を非常に上回る場合は、顧客の心境は想像を超える対応を受けることで感動にあたり、顧客の価値としては、未知価値であり、顧客の行動としては、リピートすることはもとより、多くの人に伝えたくなり、影響を与える存在となります。

表5　顧客の期待と結果に対する顧客心理の関係

期待	作用	結果	成果	満足度	次行動	顧客価値
期待	＞	結果	期待を下回る	不満	他社・他店に移行・クレーム	—
期待	＝	結果	期待通り	当たり前	他社・他店に移行の可能性あり	基本価値 期待価値
期待	＜	結果	期待を上回る	満足	リピート・ファン	願望価値
期待	≪	結果	期待を非常に上回る	感動	ハードファン・インフルエンサー・サポーター	未知価値

出典：吉原敬典『ホスピタリティマネジメント』を参考に筆者作成

現代における未知価値に着目した行動心理学の一例として、SNSがあります。

現代社会でSNSは広く世のなかで認知され、フォロワーが多く発信力があるインフルエンサーが存在し、その人達の投稿で大きくビジネスが変化していく現状が挙げられます。

つまり投稿を見たフォロワーは、自分もその感動を味わいたいと思い、行動に移す連鎖が発生し、その結果、価値を提供する側の利益につながっていくのです。

顧客心理を一覧にしたものが、表5です。

次にホスピタリティマネジメントを意識したビューティービジネスを考えたいと思います。

現代社会では、SDGs（持続可能な開発目標）が注目され、業界や企業もこの社会課題に取り組むことで消費者に評価される時代になってきています。

そこで化粧品業界で注目されているのがクリーンビューティーです。

クリーンビューティーとは人や環境に配慮した活動や商

品、ブランドのことを示し、近年、美容業界を中心にクリーンビューティーを意識した商品開発が行われ、サステナブルな活動としても注目されています。

背景には、美容・パーソナルケア製品として多くのプラスチックパッケージや商品のサンプルパウチなどが埋め立て廃棄物となり、環境を脅かしている現実があるからです。

それらの課題に向き合った活動の例として、環境に配慮した容器の開発、プラスチック循環型社会構成を目指す4R（リデュース、リプレイス、リユース、リサイクル）の取組みがあります。

これはSDGsのゴール12「つくる責任つかう責任」、ゴール14「海の豊かさを守ろう」といった目標達成につながっています。

まさにクリーンビューティーは、地球環境に配慮することが利他的な振る舞いに値し、ホスピタリティ価値として評価され、活動を推進している企業は、ホスピタリティマネジメントを実践しているといえます。

この環境に配慮した容器やプラスチック循環型社会構成を意識した商品を手に取ることは、商品を通して、環境に配慮したホスピタリティ価値を意識した行動であり、互いに対等な関係性を保ち、サステナブルな活動を推進することになります。

このような活動が、享受者の期待を上回った場合、リピートし、感動に至った場合は、ハードファンになり、自らがインフルエンサーになり、更に社会に認知されていくのです。

ビューティービジネスにおいてのクリーンビューティーという考え方は、企業自体が、「美意識」

を持ち合わせ、ホスピタリティマネジメントを実践し、新たな価値を社会に提案している例と考えられます。

ビジネス展開では、美意識を持ち合わせ、かつホスピタリティマネジメントを実践することが、享受者に選ばれ、また社会に認められる要因であり、新たな価値創造に至ると考えられます。

【参考文献】

望月登美子（１９８５）『エステティカ　やさしい美学』文化出版局

木村康一・富田知子・永松俊哉（２０２２）『美道論』国際美容協会

山口周（２０１７）『世界のエリートはなぜ「美意識を鍛えるのか」経営における「アート」と「サイエンス」』光文社

山口周（２０１７）・ＰＥＣＯ（２０１７）『マンガと図解でわかる世界のエリートはなぜ「美意識を鍛えるのか」』光文社

村澤博人（１９８６）「正面顔文化と横顔文化」『衣のソフトテクノロジーシリーズ18』Vol.30 No.6

吉原敬典（２０１４）『ホスピタリティマネジメント　活私利他の理論と事例研究』白桃書房

【参考ＷＥＢサイト】

広辞苑：https://sakura-paris.org/dict/?romaji=0

日本ホスピタリティ推進協会：https://hospitality-jhma.org/
スターバックスコーヒージャパン：https://www.starbucks.co.jp/company/?nid=ft
カルチュア・コンビニエンス・クラブ株式会社：https://www.ccc.co.jp/company/profile/
臼井杏奈（２０２０／５／21）「ビューティ」新型コロナ禍でも美容業界のサステナビリティは加速かクリーンビューティを取り入れる各社の取り組み：https://www.wwdjapan.com/articles/1078308

第2章

企業事例【外面の美】

第1節　ヤーマン株式会社《美容機器》

企業名	社長	従業員数（連結）	連結売上規模（億円）	事業の特徴
ヤーマン株式会社	山崎貴三代	364人	409億円（2022年4月）	美顔器や痩身器具など家庭用美容、健康機器メーカー。化粧品も販売。通販や家電量販店が販路

石井：ヤーマン株式会社の石井と申します。本日はよろしくお願いいたします。

本日はビューティビジネスの授業ということで、会社の紹介を入れつつも、美容業界のこれからについてみなさんに考えていただける時間にしたいと思っています。

最初に私の自己紹介をさせていただきます。2017年に新卒でヤーマンに入社して、1年目からずっと採用業務に携わっています。

私自身の就職活動は「美容で人の人生に影響を与えられる会社で働きたい」および「自分の存在意義を感じながら働きたい」という軸で会社選びをしていました。ヤーマンを選んだのは、美容業界の中で、美容家電を通じて常に新しい美をお客様に提供していく会社だと思い、「ここなら私の軸を実際に叶えていける」と思ったからです。

とにかくヤーマンは、最先端の商品を取り扱っていて面白そうだ、新しい美容の知識が身につきそうだということと、明るく前向きな人が多く、ここだったら楽しく働けるのではないかという理由で入社を決めました。

本日は、美容業界やヤーマンの魅力についてしっかりお伝えしていきたいと思います。本日の流れですが、最初に美容業界についてお話しさせていただいた後、ヤーマンについてお話しして、最後にワークショップをしたいと思います。

早速、美容業界についてお話ししていこうと思います。まずはみなさんに今の美容業界の特徴について考えてみてもらいたいと思います。どんなことでもいいですし、実際と自分の認識が間違っていても大丈夫、箇条書きでいいので、グループで5分間考えてみてください。

ワークショップ

学生①：お店でしかできなかったことが家でもできる。たとえば脱毛やエステみたいなことが家でできる。あとはセルフサロンが増え、人件費を削減して安いので、クオリティより安さを選ぶ面もある。あとは内面の美しさも大事にしている。あと、これは想像ですが、美意識の高めな人が年齢を問わず増えていると思いました。

学生②：ＳＮＳの普及により若者の美に関する関心が高まっているのと、コロナ禍により家でできるホームケアなどの美容が流行っています。

学生③：メンズメイクをしている人など、男女ともに美意識が上がっている感じがします。

学生④：コロナ禍だから家でホームケアしたり、マスクをつけているからアイメイクをしたりということです。

学生⑤：サロンに行かなくても家でできる美容が増えたこと。プチプラ（安い）でもよいものがある。ＳＮＳが影響を強く与えている。インフルエンサーが関わってきた。韓国やジェンダーレス寄りの傾向が強い。インナービューティが強まっている、です。

学生⑤：オンラインが普及している。インフルエンサーの情報発信の影響が大きい。メンズ美容が増えた。ＳＮＳの影響と韓国の影響。おうち美容が増えた。

石井：みなさん、ありがとうございます。コロナのお話が出ました。ヤーマンは美容家電を取り扱っているメーカーですが、コロナ禍でも人の「美しくなりたい」という気持ちは消えないので、「外でエステができないのなら家でしよう」というふうにシフトチェンジして、実際にヤーマンの売上はコロナ禍でも伸びています。

私も本日、美容業界の特徴についていろいろまとめてきました。みなさんが言ってくれた意見も入っていると思います。何が当てはまるのかを考えながら聞いてみてください。

まず、みなさんは何を見てから美容品や化粧品を購入しますか？　インスタグラムとか、アットコスメで星がいくつだったとか、あとはツイッターのベスコメの投稿を見る方が多いのではないかと思います。みなさんも口コミを見て商品を購入することが多いかと思います。

そして、口コミを見た後は、お試しをしませんか？　口コミを見てそのままオンラインで買う方も多いですが、今はパーソナルカラー診断が流行っていたり、自分の肌質に合っているかがすごく重要視されているので、コロナ禍でもお試しをするお客様がいらっしゃいます。特に百貨店では、まずカウンターでお化粧をしてもらってから、半日買い物をした後にどれだけ化粧が崩れているかを見て気に入れば買うと、かなりしっかり検討してから購入する方が多いです。

これまでの、どちらかというと「みんなが持っているから買う」「芸能人が持っているから買う」という話題性重視で商品が買われていた時代から少し変化して、自分と同じ悩みを持つ人や身近な人の口コミを見て情報を集めて、さらに商品を試して本当に自分に合うのかをしっかり見極めてから購入する時代に変わってきています。

そして、美容品というのは、自分の体に直接使うものばかりなので、企業への信頼が大切になってきます。弊社の社長がよく言っていることですが、今は商品力だけではなく、信頼のおけるブランド力も企業を経営していく上で非常に大切な要素になっています。したがって、お客様から信頼されるブランドであればあるほど、お客様にたくさんお試ししていただけるので、口コミが増えるというよい循環になっていきます。

さらに今は誰もがSNSなどで自由に発信できる時代だからこそ、トレンドの移り変わりが早いです。移り変わりが激しいということは、美容には「これが正解だ、絶対こうでなければいけない」という決まりがないからです。だから美容業界は「正解がない業界」と言われています。

以上のような特徴を見ていただいて、みなさんはもうお気づきかと思います。美容業界はヒット商品が1つだけあれば、企業としてずっと生き残っていける業界ではないということです。常に新しい美を追求していき、お客様の期待に応え続けていく必要があります。

たとえば、いつもよく飲んでいる乳酸菌飲料やコーラなど、味や形が変わらないロングセラーの商品がありますが、そのような商品が10年後20年後に急に製造中止になって消えてしまう未来は少し考えにくくないですか？　多分、自分の子どもにも同じように飲ませてたり、食べさせたりして続いていくんだろうなとイメージできると思います。

では今、みなさんが使っているアイシャドウやリップ、シャンプー、ドライヤーなど、現在とまったく同じものが10年後も20年後も店頭で売られ続けていると、自信を持って言えますか？ 生産終了になっているかもしれないし、何らかの進化を遂げて新しい商品として存在しているかもしれません。このように他の業界と比較したとき、この変化の大きさがまさに美容業界の特徴になっています。

今、10年後20年後のお話をしたのですが、１００年後の美容業界はどうなっていると思いますか？ どんなものが流行っていて、どんな商品が売れていると思いますか？ ５分くらい時間を取るのでグループで考えてみてください。

ワークショップ

学生⑥：ＩＴ化やテクノロジー化が進んで手間が省けて、かぶるだけでメイクをしてくれるとか。あとは化粧品は乳液カプセル化。その人に合ったものを診断してくれる機械が今のスマートフォンのように普及していそうだなと思いました。あと、整形に偏見がなくなって普通のことになりそうだと思いました。

学生⑦：１００年後の美容業界は、医療と連帯していたり、美容という概念がなくなって、たとえば肌を白くしたかったらファンデーションを塗るのではなく内側から白くするという概念になるのではないかなと思います。

学生⑧：年齢にかかわらず、あらゆる人の美意識が高まって、年配者は今「美魔女」と呼ばれている人たちが当たり前に。子どもたちも小さいときからエステのようなことをしていたり、美意識が高くなっていると思います。

学生⑨：美容室の質は上がっているので、簡単にできるなど効率化が始まっていると思います。あとは整形が普通になっていると思います。

学生⑩：他のグループとは違う意見ですが、まずメイクなどしなくていい世の中になっていると思います。眉毛全剃りとかスキンヘッドとか、無が一番きれいという世の中になっていると思います。

もしくは、みんな酸素カプセルみたいなものに入って寝ていて、夢ではないけれども、仮想空間の中で生きていたり、おしゃれをしていたり、そういう感じになっていると思います。

学生⑪：「時代は移り変わる」という意見がありました。今１９８０年代のメイクや髪型、ファッションが流行っていると思いますが、それがどんどんエスカレートしていって、むしろ白塗りでまろ眉みたいな感じになっているか、自分のありのままを愛そうということですっぴんが当たり前に。逆に美容機器が進化しすぎて、すっぴんでも大丈夫な世界になっていると思います。

石井：ありがとうございます。そういう考え方もあるのか。面白いですね。私もパーソナライズ化とか、効率化を求めてＡＩ化するというのは何となく想像できましたが、時代がまた逆戻りするとか、バーチャル空間で美容を楽しむ時代が来るというのは、私にはない発想なのですごく驚きました。

　お歯黒の話が最初のほうに出てきましたが、今、歯にダイヤモンドをつけるのが流行っていたりしますね。黒いダイヤをつける時代が来るかもしれないと思いました。また、私の友達の中に、仮想空間にいる友達とご飯を食べるのをやっている人がいます。すごく最先端だなと思いながら聞いていましたが、本当にそういう時代が絶対に来ると思うので、なるほどと思いました。

　あと美容と医療の垣根がなくなるのではないかというお話がありました。実際、ヤーマンもグローバル展開していくにあたり、美容と医療の壁に直面しています。みなさんは海外展開をするとなったら、どんなことがビジネス上に発生するか、イメージできますか。海外でマーケティングをして、販売方法やプロモーション方法を考えて、商品を持っていけばすぐに販売できるかといったら、実はそうではなく、いろいろな認証をクリアしないといけません。特にヤーマンが取り扱っている美容家電は、海外では場合によっては医療機器と見なされることもあるので、安全性を証明するために認証を取ったり、それがクリアできない場合は、その国の基準に合った商品に改良しなければならないなど、美容家電業界の海外進出は実は難しいんです。

私も１００年後の美容業界を考えてみましたが、誰も答えを知らないので具体的なことは言えません。ただし、たった１００年でこの美容業界の歴史が想像もできないほど大きく変化することは断言することができます。たとえば、１００年前の電気パーマ装置は映画に出てくる人体実験装置のような、今からは考えられない形をしています。これは１９０９年から60年間も使用されていた装置で、パーマをかけるのにこの機械の下に6時間座っていなければならなかったようです。

次に１００年前のアイスマスクは、キューブ型のプラスチックに水を入れて冷凍庫で凍らせて使うものだったようで、「凍らせる」という発想は今と同じですが、今から見ると「もっといい形があったでしょう」という感じがします。

次に１００年前の脂肪燃焼装置はかなり大きい機械です。ヤーマンが出している痩身の機械で手のひらサイズでお風呂で当てて使えるものと比較すると、とんでもない大きさ、見た目です。はじめはフィットネススタジオに設置されていたようですが、後に家庭用として販売されました。これがリビングルームに置かれている時代が実際にあったなんて、今では考えられません。

このように、美容業界はたった１００年でこれだけ大きな変化を遂げています。１００年後に生きる人たちからみて、今の私たちの美容の常識は「なにそれ、あり得ない」と思われてしまう可能性だってあります。

では、今の美容業界の特徴と100年後の美容業界について、みなさんに考えていただいた上で、どんな企業であれば、変化の激しい美容業界を100年200年と生き残っていくことができると思いますか？　こんな力がある企業だとか、こんな社風がある企業だとか、考えてみてください。

ワークショップ

学生⑫：きれいになる基盤、肌とか内面からきれいにすることを前提とした美容を開発できる企業だと思います。

学生⑬：流行の移り変わりが激しい業界なので、柔軟に対応できる企業や安定的な供給ができる企業が生き残ると思います。

学生⑭：私も先ほどのグループと同じで、変化に対応できる企業が生き残れると思っています。動物で同じことを聞いたことがあって、昔から生き残っている動物は時代や環境の変化に対応して形を変えられる。その代表的な例が人間で、時代の流れに対応して形を柔軟に変えていくことができる企業が今後も生き残っていくと思います。

学生⑮：自社の工場や研究所を持っている企業が生き残ると思っています。あと、時代に対応できる人だと思います。

学生⑯：質のよいものを開発できる企業、少子高齢化に対応して福祉的なものをつくれる企業、今の固定観念にとらわれずに新しいものを取り入れることができる企業だと思います。

学生⑰：これからは時代の流れや変化が激しくなってくる時代だと思うので、それに対応し続けられる柔軟性のある企業が生き残ると思います。あとは、新しいことに何でも挑戦し続けられる柔軟性を持っている企業。あと、1つのことにこだわりすぎると時代の流れの中で逆に不安定化していくと思うので、100点よりは60点レベルのモノやサービスをどんどん出していって多角化していく企業が生き残り続けられるのではないかと思います。

石井：ありがとうございます。私も考えてみましたが、みなさんと一致しているところがたくさんあります。分析力・発想力・技術力・実行力・ブランド力・販売力・柔軟性・挑戦心・スピード感。どれか1つが欠けても、100年後には生き残れないのではないかと思っています。

　みなさんから言っていただいたように、美容業界は流れがすごく速く、その流れに立ち止まってしまったら、次の時代に遅れていってしまうので、スピードをもって挑戦していくことも必要ですし、時代の移り変わりに合わせて自分たちを柔軟的に変えていく必要もあります。ＡＩ化やパーソナライズ化などがいろいろ進んでいく中で、時代をしっかり分析して商品化する。そのための分析力・発想力・技術力も必要になってくる。しかもちゃんと売らなければいけないので、販売力も必要。ということで、かなりいろいろな力が求められる業界になっています。したがって、企業としてこのような特徴を持ちつつ、さらに美しさの概念を変えるなど、新たな時代を創っていける企業である必要があります。

　では、美容業界の歴史を変えていくようなビジネスとはどんなビジネスだと思いますか？　あるいは考えたことがありますか？　みなさんも実感していると思うのですが、今はＳＮＳの時代になっています。インスタグラムやTikTokを見ていると、この世にはこんなにかわいくてきれいな人がたくさんいるのかと自信をなくしてしまうほど、身近なところに芸能人のようにきれいな人がたくさんいます。そういう時代ということもあり、美の基準がどんどん上がってきているように感じませんか？　私は、自分に求められる美の基準がどんどん高くなっているように感じています。

　また今、美容医療や美容整形にも注目が集まっており、メイクでの変化以上に、目に見える大きな変化を求める人が増えています。そんな中で私は、美容家電はまさに希望の星だと思っていて、皮膚だけでなく筋肉にまでアプローチする商品もあります。

　今は、時代的に家事・仕事で忙しい人がすごく増えています。ＳＮＳもやらなければいけないというので忙しい人も増えていて、美容に時間を割けない、だけどきれいになりたいという人も多いので、手軽に継続的に使えるという点で、今後さらに美容家電は注目が集まっていくのではないかと思っています。

みなさんは、「発見」と「発明」の違いを考えたことはありますか？　これは弊社の社長が話していて、なるほどと思ったので、みなさんにもシェアします。

「発見」とは、すでにこの世に存在しているけれども、みんながまだ認識していないものを初めて見つけたことを言います。たとえば、重力の存在を発見したとか、新大陸を発見したような場合です。それに対して「発明」とは、この世に存在していないものを工夫して初めて創り出すことを言います。

特にスキンケアメーカーは、研究による新たな発見をしていて、お肌の1ミリのところを研究していって、肌によい成分や調合を発見していくビジネスをやっています。

それに対して、美容家電は、新しいアイデアで商品を生み出す発明をやっています。発見は、見つけ尽くしてしまえば、あるいは研究し尽くしてしまえば、それ以上の進展はできませんが、発明であればアイデアは無限大なので、発見し尽くしてしまったとか、研究し尽くしてしまったということはありません。

したがって、何百年後に化粧品やスキンケアのメーカーはまだまだ研究することがあると思いますが、何千年後の美容業界を創っていくのは、美の概念を変えるような、常に最新の発明をビジネスにしている会社なのではないかと思っています。

私はこのような美容家電の可能性に魅力を感じて、大好きな美容業界の中で美容家電を取り扱っているヤーマンという会社を選びました。ここからはヤーマンのお話をします。

ヤーマンの企業スローガンは「美しくを、変えていく。」です。私たちがどんな企業なのかは、まさにこのスローガンに込められており、「美しさの概念や美の常識そのものを変えていく」ことを目指している会社になります。１００年後に生き残りそうだと思いませんか？　私はその可能性に魅力を感じてヤーマンに入社しました。

「美の常識」にもいろいろあります。風呂上がりに毎日化粧水や乳液をつけるという常識を、美容家電を使って変えていったり、ドライヤーの形そのものを変えて、イボみたいなものがついてマッサージができるドライヤーをつくってみたり。あとは胸鎖乳突筋という筋肉をきれいにすることで顔立ちにまで総合的にアプローチを試みる「メディリフト　ネック」という商品を生み出していたり。常に、今はない常識を商品の力をもって変えていくビジネスをやっています。

そんなヤーマンを表すワードがこれらになります。とくに挑戦や柔軟性、スピード感は、美容業界にまさに求められているものです。

今、私たちは「日本発のグローバルブランドカンパニーになる」を目指しています。自動車といえばトヨタ、ゲーム機といえば任天堂というふうに、みなさんも「この商品といえば、この日本のメーカー」というのがパッとイメージとして出てきませんか？　しかし、美容家電ではどうですかと言われたときに、少し怪しいのではないかと思います。だから私たちは美容家電といえば「日本のヤーマン」と世界中で言っていただけるようなグローバルブランドカンパニーを目指しています。

この大きな目標を達成するために欠かせないのが商品企画です。今日はみなさんに商品企画をぜひやっていただきたいと思います。私たちが今やっているのは、既存の習慣に対してヤーマンの技術を掛け合わせて、新しい商品や新しい美容習慣を生み出すような商品をつくるということです。

一例を挙げると、「ホットシェイブ」という商品は、ひげ剃りに美顔器の機能がついたものです。男性はまだ美顔器を使う習慣がないと思いますが、これがあれば毎日面倒に思うことなく継続できます。こんな感じで、みなさんにもぜひいろいろと面白い商品を企画していただきたいと思います。

ヤーマンの商品は、美顔器の他にも、光美容器という脱毛器、美ボディを目指せる痩身器などいろいろあり、どの習慣にどういったヤーマンのサポート（脱毛なのか、痩身なのか、美顔なのか）を掛け合わせるかをぜひ考えてみてください。

ワークショップ

学生⑱：女性がお風呂上がりに髪の毛を乾かすのは大変ですよね。30分くらいかかってしまう人もいると思います。そこでお風呂から上がって椅子に座っていただき、髪の毛を包み込むような場所からトリートメントや保湿成分が入っているミストが噴射されて、それをされながら風で乾かして髪質改善ができたり、早く乾いたりお風呂上がりのドライヤーの時間を省き、スマートフォンをいじりながら座っているだけで髪がきれいになって、楽に乾かせるような機械があったらいいなと思いました。価格は安いほうが浸透しやすいと思い、ドライヤーと同じ３万９８００円がいいのではと考えました。

石井：チームごとに私が簡単にフィードバックさせていただきます。今のはまず発想がすごく面白いと思いました。私が１００年前の美容の歴史をいろいろ調べているとき、包み込むタイプのドライヤーがありました。機能としてはすごく新しくてよいものがたくさん入っています。ただ、自宅に置くことを考えると大きさが気になりますね。あと美容成分は消耗品なのでどこかに詰め替えて入れるのかなど、そのあたりもう少し詳しく聞けるといいなと思いました。

美容院で売れれば、髪に意識の高い方に買ってもらえるのではないかと思ったのですが、そうすると美容院に行かなくなるので、美容院とウィン・ウィンの関係が築きにくいと思いました。

どこで売ればいいのかまでしっかりと考えてみると面白そうだなと思いました。ありがとうございます。

学生⑲：誰でも毎日することは睡眠なので、寝ている間に肌荒れやむくみを解消するということで、まず首に効果が1つ。あとは髪です。先ほどの意見にもありましたが、お風呂上がりにすぐ寝てしまえば、髪が乾かされてそのままトリートメント作用も入って、薄毛の男性なら頭皮に発毛・育毛を促す機能もつけるなど、男女兼用で使える枕を出したいと思っています。値段は4万9888円でお願いします。

石井：みなさん、微妙な金額のラインを攻めてきていますね。その枕はどのように育毛成分を浸透させるんですか？　枕が濡れているんですか？

学生⑲：枕は濡れていません。赤外線というか光の中にヘアケア成分が入っているんです。

石井：そういう新しい技術ができると。

学生⑲：粒子レベルで髪の中にヘアケア成分が完全に入っていくので、朝起きたときにはツルツルのツヤの髪が手に入るということです。

石井：あったら欲しいですね。まずそういう技術を開発していく必要があるのと、枕だったら衛生面が気になるので、どうやって洗うのかもぜひまた考えてみてほしいと思います。ありがとうございます。

学生⑳：私たちもドライヤーの時間が無駄だと思ったので、ドライヤーをしながら何かをできるものを考えました。ドライヤーは髪の毛を乾燥させますが、その分、肌も絶対乾燥していると思うので、同時にスキンケアができたり、ドライヤーで肩の周りや顔のリフトアップみたいなマッサージができるようにしたらいいなと思いました。お値段は3万9000円です。

石井：3万9000円は安い。それはドライヤーから何かが伸びていてケアができる感じですか？難しいですね。当てたときにいろいろなところに動いてしまうと思うので、それをどうするか気になりますね。時間があったらぜひ考えてみてください。ありがとうございます。

学生㉑：商品の名前は「美顔マスク」「美顔パック」のどちらでもいいです。商品の性能は、まずパックの形をしていて装着するかたちでやっていただいて、化粧水と美容液と乳液を入れることができます。ボタンを切り替えて自動的にシュワーっと浸透させてくれます。
これの一番すごいところは、アプリと連動できることです。月額５００円かかってしまいますが、顔の水分量を教えてくれるんです。そこから機械が勝手に判断して化粧水から美容液・乳液を自動的に切り替えることができます。お値段は４万９８００円。ただ、今から限定で、アプリの月額を１年間無料とさせていただきます。よろしくお願いいたします。

石井：月額などセール的な部分まで考えてくださって素晴らしいです。実は似た商品をパナソニックが出しています。ヤーマンでは「メディリフト」といって、ＥＭＳという電気が流れて筋肉を刺激してくれるウェアラブル美顔器が出ています。その組み合わせに近い、企業側にすごく近い発想で出していただけたのではないかと思います。ありがとうございます。

学生㉒：僕たちの班は「歯みがきに美顔器を混ぜる」という案が出ました。歯みがきは、どの年代問わずに毎日夜と朝にやるので、そこで超音波を流すことで歯の奥の皮膚に直接刺激を与えてリフトアップさせて、それで小顔になれるようにします。振動することでホワイトニングにも効果があり、振動しながら電動で磨くので虫歯にもなりづらい。そして、ついでに肌も美顔器なのできれいにしてくれたらいいなという感じです。むくみも取れるので、朝使ってメリットはあるし、芸能人のヘアメイクにも使用してもらえれば、やりやすいのかなと思いました。

ターゲットは、シワやたるみに悩む高齢者の方から、エイジングケアをしたい中年代の方、そして歯みがきで整形もいらない、虫歯にもならないという若い方。歯みがきという身近な場所から美に直接アプローチすることができるのは、若いうちから使用していくことが一番だと思いますので、小さいうちからこれを使用することで、整形いらずになるのではないかと思いました。お値段は、９９８０円。今までの発表の中で一番安い値段を出していますが、ネット販売の他に、歯科医院内での販売を利用して、美に興味がなくても歯ブラシの一種として購入することができるような場所に備えておけばいいかなと思いました。

石井：これは、口の内側から肌の表面にアプローチするような商品なんですか？ 実際に技術としてできたら素晴らしいのと、まだ美顔器に興味を持っていない層まで取り込んでいくことが考えられていて素晴らしいと思いました。ありがとうございます。

学生㉓：私たちの班では、睡眠時間が短くなっている人が多いというところから、睡眠中にきれいになれたり、睡眠が深くなったらお肌にもよい効果があるものを考えました。「寝ちゃうヘッドスパ」というのがあるのはご存知ですか？

石井：わからないです。

学生㉓：ヘッドスパをやると絶対に寝てしまうというのがあるのですが、そういうのを枕に搭載して、寝ている間にヘッドスパをしてもらえる機械があったらいいなと思います。ついでにヘアケアもしてもらえたりできたらいいなと思って。

販売方法は、店頭で体験できるといいと思うのですが、体験しないと買ってもらえないと思うので、月額制のサブスクリプションで体験できる。気に入ったら自分で買って使えるというかたちで、本体は６万円くらいですが、サブスクリプションですが月に２０００円で借りて試せるというプランがあるといいと思いました。

石井：現代人の悩みに寄り添った企画ができているというのと、販売方法もこれまでにないサブスクリプションという話が出て素晴らしいと思いました。それはヘルメットタイプか何かでマッサージをするみたいなイメージですか？

学生㉔：基本は枕ベースです。

石井：枕で何かが出ているみたいな。寝返りとかが気になりますよね。あおむけになったときにどうなってしまうんだろう。素材とかが気になりましたね、痛くないのかなとか。そこを突き詰めても面白そうだなと思いました。

みなさん、発表ありがとうございました。いろいろ企画してみてどうでしたか？楽しかったのではないかと思います。たとえば自動車業界だったら「空飛ぶクルマが欲しい」とか「瞬間移動できるクルマが欲しい」とかいろいろと思いつくと思うのですが、実際にそれを自分の意見として発信して商品化までできるかと言われたら難しいと思いませんか？自動車に関してそれなりの知識や技術が必要で、業界で何年も働いていないと新しい時代をつくるような商品企画はできないと思います。しかし、美容業界は正解がないからこそ、ちょっとした話し合いの中でいろいろな面白いアイデアが生まれるし、そのアイデアを実現するための技術はどうするかとなったとき、研究したり発見・発明していけば、いつかできると思いますし、そんなに時間がかからないと思います。

ヤーマンが商品企画をするのに、企画から実際に形になるまで、短くて1年、長くて1年半という感じで商品企画を行い、年に20商品くらいを出しています。みなさんも美容業界への就職を目指していると思いますので、変化が激しい美容業界の中で、ぜひそういった挑戦心を忘れずに、自分のアイデアをどんどん発信していくことを忘れずに、美容業界の変化を一緒に同じビジネスの場でつくっていくことができたらなと思っています。

ということで、今日の講義は終了とします。みなさん、お時間をいただき、ありがとうございました。

第2節　株式会社ケンジ（美容室）

企業名	社長	従業員数（連結）	連結売上規模（億円）	事業の特徴
ＩＭＨホールディングス（ケンジグループ）	西山和平	１２６２名	８９．４億円（２０２２年実績）	事業の中心は、神奈川・東京・福岡・北海道（札幌）に展開している〝ケンジグループ〟という美容室のサロン事業です。美容室の経営管理指導・美容商材の販売・教育育成・独立支援・訪問美容運営など。

西山：はじめまして、株式会社ケンジの西山です。本日は、今ケンジグループが行っていることを、現場で実際に行っていることを踏まえながらお伝えします。

本日の目次は、まず「ケンジグループとは」。次に「私の自己紹介」「美容業界の現状と課題」「ケンジグループの取り組み」「今後のケンジグループの展開」という順番でお話しします。

■ケンジグループとは

まず、グループの概要について説明します。株式会社ケンジを中核とするグループになっています。株式会社ケンジは、美容室のフランチャイズチェーンの運営および美容室の経営管理指導（フランチャイズに対するいろいろなアドバイス）のほか、商事部門で美容材料やおよび化粧品の販売をやっています。今年でちょうど創業51年目です。

事業の展開エリアとしては、東京と神奈川が中心ですが、新規事業として「リターンＦＣ」という手法で4年前に福岡に、２０２２年12月から札幌に出店しました。

現在、アイラッシュ専門店を入れて国内に約１３０店舗を展開しています。グループ全体で約１３００名のスタッフが在籍しています。

■私の自己紹介

西山和平と申します。「わへい」と書いて「かずとし」と読みます。１９７２年和歌山県生まれで今年51歳です。ケンジに入社して今年で32年目になります。１９９１年、商業科の高校を卒業すると同時に、18歳でケンジグループに入社しました。当時まだグループは10店舗くらいで、スタッフ数も１００名あまりでした。

高卒だったので、秋から通信教育を受けました。昔はインターン制度があって働きながら通信に通って、勉強もしながら技術も覚えていきました。２年間通信教育、１年間インターンシップを受けて、３年たって初めて美容師免許を取得しました。

入社４年目の22歳のとき、店長に抜擢されました。それ以前は約10年間グループに在籍していなければ店長を任されませんでした。私は田舎から出てきていたので友達がおらず、遊びに行くお金もなかったので、練習するしかありませんでした。当時の睡眠時間は２時間程度です。

美容科のみなさんならおわかりでしょうが、４月中にシャンプーテスト、５月いっぱいでワインディングのテストを受けます。私の場合は高卒だったので「１カ月延ばしてやる」と言われて、４月から６月の３カ月間で「ワインディングまで合格しろ」と言われましたが、合格できませんでした。

そこで発奮して、ワインディングを１日14頭、毎日千本巻きをしました。営業が終わって帰宅した夜中、私は寮住まいでしたので同級生が寝ている間に練習するしかないと思って、毎日練習しました。そして外部のコンテストに出て、３回目で優勝しました。

それで、当時社長だった創業者の飯嶋が「あいつはちょっと変わっているから、やらせたら面白いんじゃないか」と、４年目のときに鎌倉の店長をやらせてもらいました。

それ以来、ずっと店長を務め、２０１３年に株式会社ケンジの二代目社長になりました。今年で10年目になります。

■美容業界の現状と課題

新型コロナウイルスの影響でテレワークが増え、会社に行かなくてもいい人が増えたため、これまで都内のサロンが中心だった美容消費が落ち込み、地域サロンへ需要が移りました。この間、お客様は都内に働きに行かないし、都内で消費することがなくなりました。そこで家族や友達が行っているサロンを紹介してもらって、近場にもいいサロンがあるということで、お客様の動きが変わっていきました。

美容師の働き方もいろいろ変わってきて、業務委託サロンと教育サロンの二極化になってきています。ケンジグループとしては、教育サロンとしてこれからもずっとやり続けます。

当社は、新卒で入ったスタッフをゼロから育てていく方針です。創業者である先代が「美容室は技術がよくないと駄目だ」ということで、「美しさは技術」という経営理念の下、私も日本全国のコンテストに出ましたし、日本代表として世界大会に行ったりしました。ヨーロッパ研修ではロンドンで勉強したりして、技術をすごく大事にしています。

ただし、技術力にプラスして人間力が大事としているのは、美容師は技術だけが上手になってもダメで、人間として常識的なことを学ぶ場として、入社1年目からフィロソフィー教育に力を入れています。これからも日本一の教育サロンをつくっていく予定です。

美容業界の現状の課題として、求人難の時代になっています。今は美容室の求人が26万軒あると言われている中、美容学校の卒業生はわずか2万人と言われています。求人倍率0.08倍ということで、学生にとっては選び放題の時代です。したがって、サロンのほうが採用をしっかりやっていかなければいけないと思っています。

ケンジグループとして、２０２３年４月に３００人を新卒採用する予定です。幸い、２０２２年12月末時点で２８２名の内定が出ています。この1月～３月までに３００名ほどの入社予定になってくると思います。

私は美容業界に長い間いて、当社より大きなサロンもたくさん知っていますが、３００名規模で採用するところは今までなかったと思います。３００名というとすごく多く見えますが、弊社の店舗数で考えると1店舗あたり2～３人くらいの採用です。これは店舗からの要望なので、絶対に集めなければいけないと思ってやっています。

私の知っているサロンの中には、新人を採用できず、去年入った新人に後輩がつかないため、いつまでたってもそのサロンの中で一番下という状況になっています。それが何年も続いていくと、本来なら中堅の立場になっているはずなのに、いつまでたっても下の仕事しかできない状況が起きます。

そういう状況の中で、だったら一人でやれるところに移ろうと、面貸しのサロンやシェアサロンに流れたりする美容師が増えています。すると、今まで上にいた人たちが今度は自分たちが一番下になってくる。これは悪循環で、お店を閉めなければいけなくなるサロンも多くなっています。

私の知り合いのサロンでも、求人難でお店を縮小するしかないということで、2～3店舗経営していたのを1店舗にまとめてしまったところがあります。最悪な例では、スタッフが全員いなくなり、最後は60才近いオーナーが一美容師として、面貸しで働いているというケースもあります。そのオーナーは、子どもがまだ小さいし、自分が病気になるなど、個人でやる厳しさを今から知らなければいけないのかと、すごく悩んでいました。

そういう意味で、面貸しやシェアで働くのは働き方としてはいいと思いますが、年を取ったとき、長く働くことを考えたとき、仲間がいるのはすごく大事なことではないかと、私は実感しています。

では、美容業界は今後どうなっていくのか。これがわかれば苦労はしません。そこでみなさんからの意見を聞きたいと思います。「今後、業界はどうなっていくのか」についてチームでミーティングをしていただき、発表していただきたいと思います。

ワークショップ

学生①：トップサロンは今後も確実に残っていくと思います。トップサロンは学生からの働きたいという要望も多いだろうし、お客様もトップサロンに行きたい人が多いので、確実に残っていくと思っています。

もう1つ残ると思ったのが、何かに特化したサロンです。ニッチな層に刺さるサロンを求める人は必ずいると思うからです。たとえば、ショートカットに特化したサロン、高齢者が行きたがる地方のサロンなど、特化したサロンも絶対に残ります。しかし、それ以外のサロンは需要が少なくなってきてしまうし、就職を希望する学生も少なくなってきてしまうと思います。結論としては、トップサロンと何かに特化したサロンは生き残っていくというのが意見として出ました。

学生②：僕らのチームでは、人手不足でつぶれていくサロンがある一方、美容師一人一人がフリーランスとして働く働き方が増えると思っています。また、フリーランスでも、個人のマーケティング力やブランディング力がもっと大事になってくると思っています。

今はインスタグラムやTikTokなどのＳＮＳがあるので、お客様が美容師を選べる時代だと思います。僕自身もパーマをかけたいとか、ブリーチカラーをしたいと思ったときは、確実にインスタグラムでそれらが得意な美容師を探します。このようにお客様が美容師を選べる時代になっていくと思うので、集客能力がある美容室やフリーランスの美容師が残っていくと思います。

学生③：私もフリーランスが増えると思っています。先ほど教育サロンと業務委託サロンの二極化が現状とおっしゃっていて、業務委託やフリーランスの美容師が増えると思いますが、最近は面貸しで同じフロアで仕事をしている人たちがチームのようになっているサロンが増えています。12月にアメリカ研修に行ってきましたが、アメリカでは面貸しやフリーランスのサロンが多く、そちらが主流になっていくと思いました。あとはチームで教育をするようになると思うので、二極化する一方で業務委託兼教育サロンのようなところが増えると思います。
あとは、フリーランスの美容師が増える分、カット代金を自分で決める人が増えるので、施術代が上がるのではないかと思います。

学生④：私たちの班では、美容業界の中で企業同士の競争率が上がるのではないかという話が出ました。先ほどもお話があったように、サロンの数よりも学生の数のほうが少なくて、学生が企業を選び放題になる状況があるのと、加えてサロンの中で自分が一番下っ端になることを嫌って別のサロンに移る働き方が増えることで、企業間の競争率が上がります。その結果、サロンの立地や働きやすい環境などがもっと重視されていくのではないかと思います。
あと、今は情報の流れや流行の流れが昔より速くなっているので、ＳＮＳの活用や、新しい取り組みをしていこうという方針を持つ企業が生き残っていくのではないかと思いました。

学生⑤：私たちのグループは、先ほどのグループも言っていたように、何かに特化した美容室が流行っていき、利用する人が増えると思います。でも、何かに特化しようとしても流行の流れが速すぎます。今はストレートが流行っていたり、カラーが流行っていたりしても、2〜3年後にはパーマが流行っていたりする可能性もあるので、それだけに特化するのではなくて、パーマの教育もできるようになっていくという考えがありました。

学生⑥：美容業界だけではなく、あらゆる業界で今オンライン化・電子化がすごく進んでおり、オンラインで何でもできるようになったり、ショッピングもできるようになっています。オンラインで髪は切れませんが、オンライン上でカルテを管理してお客様が別のサロンに行ってもそのカルテを美容師側が見ることができるようになれば、行きつけのサロンから離れたサロンに行った場合でも、今までの切り方や髪の癖を理解して美容師が切りやすくなるのかなと思っています。そういう面ではオンライン上でカルテを管理されるようになるのではないかと思います。

あとは高齢化が進み、高齢者も髪を切ることは必須になってくると思うので、そういった面で訪問サロンなどの福祉との関連がすごく強くなるのではないかと考えています。老人ホームへの美容師の訪問、家から出られない方に対するサロンの提供、サロンとしての髪を切る場の提供などがすごく流行っていくのではないかと考えています。

あと若者向けのサロンなら、自己PRがすごく上手なサロンは今も残っていると感じているので、SNSだったり、あとは一度来た人を行きつけにさせるような取り組み、環境、技術があるサロンが今後も残っていくのではないかと考えています。

西山：ありがとうございます。みなさん、素晴らしいですね。今みなさんが言われたようなことがこれから起きてくると思います。技術の変化などはすごく速いので、いろいろな意味で美容師がしっかりと勉強しないといけないでしょうし、時代の流れをしっかり読まなければいけないと思っています。

当社も１３０店舗あると、特化したサロンがたくさんありますし、いろいろなスタッフが働いています。その中でグループとしてやらなければいけないことは「当たり前のことを当たり前にやる」ということです。労働時間や給料、休暇などを当たり前のレベルに持っていくことがすごく大事だと思います。

私が入った頃の美容業界は、言ってみれば完全にブラック企業でした。週１日休めたらいいぐらいで、労働時間も私は朝５時から夜11時までお店にいて、そこから寮に帰ってきて朝の４時くらいまで練習していました。本当にとんでもない状況でした。給料も非常に安く、私が入ったときは月13万円くらいでした。

やはり一般的な企業に負けないくらいの企業をつくっていかないと、美容室も生き残れません。これはどの企業でもそうで、美容以外の業界でも法令に違反するようなことをやっていては生き残る権利がないと思います。そういうことをちゃんとできる会社が、どの業界でも残っていくと思います。

弊社も外部の弁護士や先生方を入れて、弊社の働き方が世の中に合っているのか合っていないのか、これからどういうふうにしていけばいいのかなどのアドバイスを受けながら、毎年お給料のプロジェクトを組んで、給料を上げるための仕組みを考えています。労務問題に関しても、サロンの営業時間内で練習が全部できる仕組みをつくっていく形で動いています。

人というのは、自分の時間がないのは嫌ですよね。そういうことがちゃんとできる企業がこれからも必ず残っていくのではないかと思っています。

■ケンジグループの取り組み

では、弊社では具体的にどのような取り組み、経営をしているかお話しします。グループの今の経営理念は「make happy」です。

創業者は「美しさは技術」を経営理念にして会社をスタートしました。二代目社長のときは「自立」というテーマで経営理念をつくりました。

私が社長になったとき、自分たちはグループ・仲間でやっており、地域のお客様、地域にも守られるようなサロンづくり、地域から愛される会社にしていこうということで、「make happy」という経営理念に変えました。

この経営理念も私一人で考えた言葉ではなく、「幸せをみんなでつくっていこう」ということで、私が社長になるにあたり何人かで集まって考えた言葉です。そのときにインスピレーションを受けた動画を見ていただきたいと思います。

（「ライフベスト」動画上映）

これは人とのつながりはすごく大事だよねということで、私も長く美容の仕事をしていますが、お客様とのつながりもそうですし、スタッフとのつながりも含めて、やはり「人間は一人では生きていない」「助け合いながら生きていって、みんなで幸せになっていこう」ということで「make happy」という経営理念にしました。

これは「ライフベスト」という動画ですが、「make happy」という言葉を決めた一つのきっかけなので、新人研修で新人に必ず見せています。

次に、当社の「ＦＣの取り組み」についてお話しします。

ＦＣと聞いて、コンビニなどのように誰でも外部から入ってこられるシステムを連想する人もいると思います。しかし、当社のＦＣは、ケンジでずっと働いている生え抜きの人に、のれん分けして社長になってもらう形をとっています。

グループ全体で今１３００人いるスタッフは、全員が１年生から育っていった人たちで、ＦＣ会社の社長がグループ内の社長をやっている形です。

これは、親が子を産み育て、やがて子どもが成長して自立して自分の家庭を持って、そこからまた子どもを産んで。親からみたら孫が産まれるという、人間の営みそのものをモデルにしたもので、弊社ののれん分けのFCはこの形で進んでいます。

ケンジの直営店から、広がっていって、現在はひ孫まで入れて50法人です。つまりグループの中に50人の社長がいるという状況です。社長の平均年齢は42歳、一番若い社長は32歳です。したがって、今年4月に３００人が入社してくるといっても、この50法人のいずれかに入る形になります。同じグループの仲間なので、いろいろな相談ができます。極端に言えば、社長同士でいろいろな相談ができます。お互いに励まし合いながら、常に成長しているのが、弊社のグループの特長だと思っています。

当グループは、東京・神奈川においては「ドミナント戦略」をとっています。たとえば藤沢駅の近く５００メートル圏内か1キロ圏内に13店舗があります。ただし、すべて違うサロン名です。藤沢駅周辺には、美容室だけで弊社以外に１０８店舗くらいあります。弊社はその約10%を占めているのですが、それでビジネスとして成り立っています。

ドミナントとは、同じエリアに出店していくことです。これのメリットは、弊社の場合は新人を教育して成長させていきます。成長するとそのお店はお客様でいっぱいになっていきます。するとお店が忙しくなるので、成長したそのスタッフを今度は店長にしていきます。近場に出店することによって、お客様も同じエリアの同じスタイリストにやってもらえるわけです。お店にとっては、売れっ子のスタッフ、忙しくなってきたスタッフを独立させるので、そのスペースが空く。すると今また新しいスタッフが育っていくということになります。

コンビニの店舗が近場に多く店舗展開するのは、配送効率をよくするためです。当社も忙しいお店があったら手伝いに行ったり、足りない材料があったら貸し借りしたり、お店をリニューアルするために1カ月閉めなければいけない場合に近場にあるお店で働くことも可能と、お客様に対しても迷惑のかからない形だと思っています。

このように、弊社は同じエリアにたくさん出店するというドミナント戦略を採っていますが、そのメリットをみなさんで話し合っていただけるでしょうか。

ワークショップ

学生⑦：ドミナント戦略のメリットについて話し合いました。エリア内で美容室を探している人がケンジグループのサロンを選ぶ確率が高まるということと、材料が足りなくなったときに融通しあう、改装工事のときにエリアが変わらないということで従業員にとって働く環境がよくなったりとかするメリットがあり、いいなと思いました。

学生⑧：同じグループのサロンでも雰囲気が変わるし、いい面もある一方、同じグループ内の他の店と比べられたり、技術のレベルに差があると微妙ではないか。しかし、近くにグループの店舗があって、各お店ごとに特化できたりすると、お客さんのニーズを取りこぼさないからいいなと思いました。

学生⑨：それぞれの店同士で足りない在庫をシェアできたり、あとはセブンイレブンのように全店が同じではなく、それぞれのブランド名がついたサロンがあり、美容室ごとの個性も出やすいから自由度が高いと思いました。ただ、逆にそうなってくると、それをまとめている会社が、何をしたい会社なのかという軸をあまり具体的に確立できない中途半端さも出るのかなと思いました。

学生⑩：ブランドごとに特徴があって、お客さんには全部違う店に見えるのでいいと思います。ただ、地方は人がいないので難しいのではないか。藤沢は人気エリアだからできているのかなと思いました。

学生⑪：競合他社との差が開くのと、地域により密着できることで知名度が上がること、新しいもの、たとえば電動シャンプーなどいろいろなチャレンジがドミナント戦略でできるのではないかと思って、とてもいいものだと思っています。

学生⑫：経営戦略的には非常にいいと思いました。私も藤沢に住んでいるので、今回藤沢のケンジに行かせてもらいましたが、その地域に集中することで、散らばっているよりも集まっているほうがお客さん的にも「このケンジさんのお店はちょっと雰囲気が合わなかったけど、今度はこちらのお店に行ってみよう」と変えたりできると思うし、集まったほうが売上も上がると思います。その地域の知名度も上がり、配送料もそこの地域でまとめてやったほうが安く済むと思いました。

西山：ありがとうございます。みなさんの意見をいろいろ聞かせていただきました。ここに書いているブランドは店の名前ですが、すべて店長に決めさせています。店長になった時点で自分の店の名前をつけさせて、そこに思いを入れるわけです。

本来のブランド戦略という意味では「ケンジ」という共通ブランドを全国に売るのが一番です。もちろん「ケンジ」で統一して全国展開することも可能ですが、弊社があえてそれをやっていないのは、「店長に自分のお店だという自覚を持たせる」ために、好きな名前を店長につけさせるのが一つのやり方だと思っているからです。

ドミナント戦略のデメリットな部分は、一つの店舗で悪い風評が立つと全体が一発でアウトになることです。よくないうわさはあっという間に広がります。

したがって、ドミナント戦略で同じエリアに異なるブランドで出店させるというのは、お店同士もしっかり競わせているというわけです。もちろんお互いに協力しているのですが、各店が自負を持ってやっているからお互いが成り立つということもあると思います。

あとは、同じエリア内で、このお店はカラーに特化しているから、うちはこちら側を特化していこうとしているということは、逆に言えば、美容師がカラーに特化しているお店に移れることも可能にしています。本来ならカラーに特化したお客様しか取れないけど、こちらではストレートに特化したお客様が取れる。同じエリアで商圏が広がるので、集客アップという意味で、今のやり方はいいと思っています。

次に、今やっている3本柱として、「教育」「集客」「求人」についてお話します。

まず「教育」は、早期育成が原則です。入社1年目からすぐにジュニアスタイリストとして個人の強みをつくることを目的に、若手の早期育成を心掛けています。

そのために、いつでもどこでも見られる動画教育をやっているほか、インスタグラムやTikTokなどＳＮＳの勉強会もやって、いろいろなことを勉強させます。

それから人間力を上げていくことを目的にフィロソフィー教育をしたり、社会人としての考え方や接客マナーを新人研修でやっています。

そのほか、ＫＤＡ（ケンジデザインアカデミー）をつくって、仕事が休みの日を使ってカット教育やカラー教育、ストレート教育、新人研修などの勉強会や講習会を数千円で受けられるようにしています。講師にも講師料を払い、次の人たちにノウハウを教えていくことをやっています。

次の「集客」については、営業部の木村が話をします。

木村：よろしくお願いします。簡単にご説明させていただきますが、ここ10年の間に集客の方法に変化がかなり起きています。従来は美容師がリーフレットを駅前で配ったりポストに入れたり、お客様にホットペッパーの紙面広告の切り抜きを持って来店していただくのが集客のやり方でしたが、今はそんなことをやっているところはほとんどありません。SNSやホットペッパーのサイトで予約する方法に変わってきています。

美容師個人のブランディング集客にシフトしている中で、重要なポイントは「どんなお店に行きたいか」よりも、「どんな美容師さんに切ってもらいたいか」です。個人のブランディングについて、美容師一人一人の発信力がすごく大事になってきています。

また、ターゲットが分散することによって、いろいろな外部要因リスクに対応できているのがケンジグループの強みの1つだと思っています。

たとえばコロナのとき、年配のお客様が家から出づらくなり、美容室の集客は大打撃を受けました。ただ、若いお客様は比較的回復するのが早くて、その辺で数字をつくれたというところもドミナント戦略の強みだと思っています。

最後に、みなさんも感じていることと思いますが、今の時代は技術がうまいだけでは売れる美容師にはなれません。大前提として技術力は大事ですが、技術を磨くと同時に、自分自身をどうブランディングしていき、どう発信していくかがすごく大事になってきています。ケンジグループでは入社1年目からＳＮＳの講習を行って、「うまい美容師」だけでなく「売れる美容師」をつくっている点が集客に対する取り組みになっています。

次に、集客の３本柱の３つ目「求人」について、出井からお話します。

出井：私からは、求人のお話をさせていただきます。私はケンジグループの求人担当ですが、おそらく求人担当がいるサロンはそんなに多くないと思います。弊社はコンシェルジュという形を取って求人をしています。私の仕事は、美容学生さんと１３０店舗以上あってブランドも異なる各サロンとのマッチングです。

弊社グループ各社の採用インスタグラムでは、ネイルデザインのレシピ、今年の流行、国家試験、ワインディングなどの情報を発信しています。

特に注目していただきたいのが、個人ブランディングのお話です。今は就職活動する際にＳＮＳを使って見ている人がすごく多いです。弊社もそれを強くしていきたいので、たとえば何のデザインをやりたいのかといったとき、私はカラーがやりたいですとか。町田・東京店で働いているオーナーですけどこういった形で、ハイライト、バレイヤージュに特化しているようなデザイン、SNSとかをみんなやっているので、これを実際にみんなにお見せして、町田だったらこういうサロンがあるよとか、湘南だったらまた別のカラーのデザイン、こういうのをやっているよとか、というのをうまくお伝えしながらみなさんには就職活動のお手伝いをさせてもらっています。

1300人いるスタッフはみんなやりたいことがやれます。たとえば、この人は向ヶ丘遊園という、神奈川だけど都内みたいなデザイン、ちょっとエッジのきいたデザインをつくっていたり。美容学生に人気のお店なんですけど、こういう人もいたり。自分の好きを伸ばしつつ、自分のブランディングも高めつつ、そういうお仕事ができるのは美容師ならではと思います。特にケンジグループは自分の好きを伸ばせる会社ということもあり、それが今年は300人もの求人が来ている原因になっていると思います。

メンズしかやりませんみたいな人もいます。メンズ美容師。今度この人はメンズサロンを出すんですけど、まだ3年目4年目だけど自分のお店を出したいとか、そういうサポートもさせてもらっています。

これが美容学生への価値訴求というところで、うちのサロンではこういうことができるというのをインスタグラムやホームページを使って、サロンごとに求人活動してもらっています。

美容学生への価値訴求の初任給の推移については、西山さんお願いします。

西山：弊社の初任給の推移は今21万円までできています。私が入った頃は13万円だったので、当時と比べたらものすごく上がったと思います。ただ、私はこれを見てもまだまだ不十分だと思っています。私は社長になったとき、弊社と関わりのある全国の美容学校の先生や校長先生に会いに行きました。社長である自分が行くことによって、学校の現状や先生たちの考えていることをお聞きし、逆に「美容師の価値を上げていかなければいけない」という私の思いを伝え、「これからうちは必ず毎年お給料を上げていきます」という約束をしてきたのです。

先日も、年に何回かあるサロン業界オーナーの大きな会議があり、私はそこでも美容師やスタイリストの平均給料をここまで上げていこうという話をしました。これを弊社が実行することで、美容業界が弊社を一つの基準にし、業界全体で、労務についても、お給料に関しても、労働時間・休日に関しても、社会保険などについても、ホワイトになっていかなくてはならないという空気をつくる。そこまでやれて普通なんだという雰囲気を弊社がつくることによって、「ケンジがそこまで上げているのなら、うちも上げようか」というサロンも出てきています。

私は業界にいろいろな知り合いがいるので、大きなサロンの人たちも、弊社が上げている以上は自分もちゃんとやっていかなければとやってくれています。こういうこともすごく大事と思って、これからも取り組んでいく予定です。

その他の取り組みとしては、ケンジグループを中心に、商品開発、美容を楽しめる環境、キャリアプラン、SDGsの取り組みなどを書いています。

PB（プライベートブランド）商品関係は美容師の意見で全部つくっています。このシャンプーはリニューアルを重ねて累計で50万本売れている商品です。サロンでしか買えないので見る機会はそれほどないかもしれませんが、現場の美容師の意見を聞いたり、現場の人に商品プロジェクトに入ってもらったりして、いろいろな商品をつくっていっています。これはグループでできることとして、なるべく単価や仕入れ値を安くすることによって、現場への利益を還元できる仕組みです。

あと、「美容を楽しめるという環境」については、入社1年目からヘアショーや「ＪＵＮＩＯＲ ＴＯＫＹＯ」という若手のヘアショーに出られるようにしています。弊社は「ダンクスヘアショー」という大きなヘアショーをやっていたり、「ダンクス」のコンテストもやっており、全額会社負担でコンテストに出られるようにしています。

あと、今はコロナでストップしていますが、ヨーロッパ研修やニューヨーク研修もやっています。

キャリアプランとしては、今、年間で１００名ほどが育休・産休を取っています。弊社は社会保険を完備しているので、そういうことは全部できますし、復帰してから時短で働いているママさんもいます。

グループの中でダブルワークもＯＫにしているので、美容師をやりながらアパレルの仕事をしている女性もいます。また、訪問美容も取り組みとして進んでいます。

あとSDGsについては、神奈川のSDGsの認定を取っており、全店でペットボトルのキャップリサイクルを行っています。ほかにも、水をきれいにしようというところでは、PBのシャンプー1本につきいくらという形で寄付をしています。「バードライフ」については、野鳥の鳥を守ろうということで、「カラーの1件件数に対していくら」で毎年募金を行っています。

■今後のグループの展開

今後のグループの展開として、2019年1月からIMHホールディングスを設立しました。中核のサロン事業のほかに、メンテナンス事業、EC事業、K&G商事という美容商材仲卸部門、KGA、DCTというリターンFC事業などさまざまな事業を行っています。

リターンFCとは、弊社は日本全国からスタッフが集まり、これまではお互いに顔を合わせられるエリアだけでサロンを展開していたのですが、何らかの理由で田舎に帰らなければいけなくなった、あるいは独立して田舎でサロンを始めたいという社員たちとも今後ずっとつながっていくために彼らが田舎で独立できるシステムをつくろうと思い、4年前に作った制度です。今、福岡に2店舗、札幌に1店舗あります。

他にDCT絡みでは「フレンドシップサロン」といって、個人で小さく田舎でやるんだけど、うちのPB関係とか、ヨーロッパ研修に一緒に行かせてもらいたいとか、コンテストに出たいとか、うちで講習を受けたいとかというフレンドシップサロンみたいな形で今、2人が、田舎に帰っています。全部うちの商品が取れたり、いろいろなメリットがあるような形で、なるべく最後までつながっておこうということでそういうこともやっています。

このホールディング会社をつくった結果、現時点で、本部スタッフもアルバイトを含めて50名くらいに増えています。

本部のスタッフはグループ各社の管理の仕事だけをしていればいいということではなく、本部の中でいろいろな事業をつくることによって、いずれ独立して新しい事業を始めてもらい、グループ全体がよくなればいいと思い、このような会社を立ち上げました。実際、全国からくるスタッフが少しでも安く１人暮らしができるような形を取ってあげたいと思い、不動産事業の免許も取得しました。ホールディングスは、スタッフから見てもっとこういう会社にしたい、もっとこういうものをつくってもらいたいというのをやっていきたいと思っています。

最後に、みなさんから見て、弊社のこれからの事業展開で、こういう会社をつくったら面白いのではないかという意見をいただきたいと思います。

ワークショップ

学生⑬：できるかどうかはかわかりませんが、学校をつくってしまう。先ほどもＳＮＳや技術の勉強会を開催しているとおっしゃっていましたが、現場から学校に講師を引っ張ってきたり、ケンジグループのやり方でビジネスを進められたり教えられたり、そのまま就職できてしまったり。ケンジグループにとっていろいろメリットがあると思って、学校をつくるという案が出ました。

学生⑭：美容師は服にカラー剤がついてしまってすぐ駄目になってしまうという話を聞いたことがあるので、カラー剤がついてしまった服をリメイクして販売するとか、社内でフリーマーケットのように再利用できるような仕組みづくりをすればいいのかなと思いました。

学生⑮：最近、美容室で失敗されてしまったのですけど、カラーとかパーマとかブリーチとか、髪にダメージを受ける施術をしたとき、お薬手帳みたいに履歴を管理するアプリをつくったらいいのではないかと思いました。その人の肌が弱いという情報も記録できるアプリをつくって、それをケンジさん以外でも使ってもらって使用料を取ります。

学生⑯：ケンジグループ自体で美容学校をつくって、そこでワインディングとかカットとかそういう技術的な部分を教えるだけではなくて、先ほどのお話でも出ていたように個人ブランディングとかマーケティング的な分野も学生に教える。

あと、習い事的な感じで、美容の塾みたいな感じで、小学校の子からもヘアセッティングとかメイクとかを、キッザニア的に美容師体験ができる塾があったらいいかなと思いました。

学生⑰：私たちの班では、芸能人やモデル向けにヘアメイクに特化したチームをつくったらいいのではないかという意見が出ました。なぜかというと、うちの学校にも芸能人のメイクやヘアメイクをしてみたいという人が多いし、私もそうだったので、そういうチームがあったら美容学生にも行きやすいのではないかと思いました。芸能事務所と提携して現場に行ってヘアメイクをしてという形になると思うんですけど、そしたら芸能界のほうにも、美容学生の間にもケンジグループの名前が広がるのかなと思ったので、この案がいいのではないかと思いました。

学生⑱：僕たちもケンジの美容専門学校をつくるという意見が出ました。ケンジはアカデミーに力を入れていると思うので、それをもっと早い段階で学ぶことによってスタイリストのデビューをつくることが早くできて、1年生のときに国家試験を受けて、技術やマナーやホスピタリティについて学んで、人間性を磨くことに力を入れる。2年生では、行きたいサロンが決まってくるので、ケンジの中でもいろいろなブランドがあるので、そこを絞ってそこに行くために特化したコースをつくって、カラーが得意だったらカラーのサロン用のコースをつくって、デビューが早くなるように美容学生の時期から学ぶことによって事業を拡大することができると思ったのと、自分の個性や強みやスキルを伸ばせると思ったので、若い時代からケンジに染まっていくということを考えました。

西山：みなさん、本当にありがとうございます。いろいろな意味で参考にさせていただきますので、次に会うときにはどうなっているか、楽しみにしていてください。

今日は90分間という貴重なお時間をいただきまして、あっという間に過ぎたなと思っております。最後に、みなさんが山野で習ったことを、これからまた社会に出ていくと思いますので、ぜひ今日の授業も少しは参考にしていただいて、これからの自分たちにつなげていただければと思います。今日は本当に楽しい時間をありがとうございました。

第3節　株式会社アデランス《毛髪メーカー》

企業名	代表者名	従業員数（連結）	連結売上規模（億円）	事業の特徴
株式会社アデランス	根本信男 津村佳宏	6339名 （2022年2月末時点）	747億円 （2022年2月期）	毛髪関連事業、ビューティ＆ヘルス事業、グループ会社の経営管理ならびにそれに付帯する事業

箕輪：アデランスで上席執行役員として海外を含めたグループ全体の管理統括を担当している箕輪と申します。本日はアデランスがどのような会社かについて、ＣＳＲ（企業の社会的責任）の観点からお話しします。

■ＣＳＲとは

ＣＳＲとは「Corporate Social Responsibility」の略です。「企業の社会的な『貢献』」と理解している人がいますが、レスポンシビリティは「責任」です。企業は公的機関ではなく民間ですから、ＣＳＲはボランティアではなく、「責任を持って継続するためには」事業の裏付けをもつ必要があります。また、継続させることで初めて「責任」は果たせます。そこで、当社では、ＣＳＲの定義を「自社の強みを社会で活かす」とすることで、「自社のビジネスによって社会的課題を持続性をもって解決していく」、つまりサステナブルな企業成長活動のコアと捉えています。また、事業を継続できなければ責任を果たせないということを例えると、「去年は大きな利益をえたので、その利益の一部を森林保護に使いました。しかしながら、今年は赤字だったので森林の保護はやめます」では、社会的な責任を果たしているとは言えないこととなります。

当社がＣＳＲの核として特化している、「自分たちの強みを社会で活かす」ということを、みなさん自身のことと考え、今勉強している美容の技術や知識を社会でどのように活かせるかと自問してみてください。本日のＣＳＲの話を通じてアデランスという会社が自社の強みをどう活かし、現在どの位置にあって、何を目指しているのかをぜひ理解してください。

■アデランスについて

アデランスは１９６８年9月に創業しました。今期（２０２２年度）は、54周年です。

１９６０年代は女性用ウィッグの第一次ブームと言われた時期で、ウィッグ会社がいくつもありましたが、その中にボア・シャポーという女性用のウィッグ（一部男性用ウィッグ）を販売する会社があり、アデランスの創業者である根本信男はその会社の社員でした。ウィッグを広告宣伝するという画期的な手法で業績を伸ばすボア・シャポーのスタイルは、後のアデランスの企業成長にも大きな影響を与えることになりました。

また、根本は、「ウィッグを一度気に入ってくれたお客様は、一生お付き合いしてくれる。こんな商品と出会えたので、ウィッグの会社を自分で起業し、お客様の笑顔と一生お付き合いしたい。」との強い思いをもって、アデランスを創業しました。なお、ウィッグビジネスの世界への可能性を大きく感じ、世界で勝負したいという姿勢を示すために、創業時から「目指せ、世界のブランド　アデランス」とのグローバルミッションを打ち出しました。アデランスは、根本が28歳で創業した時から世界を目指していたのです。

そして、経営ビジョン「グッドカンパニーの実現」を念頭に、常にお客様に喜んでいただける製品開発と心のこもった気配りに努めました。

いまや、トータルヘアソリューション（総合毛髪関連）事業のリーディングカンパニーとして北米エリア、欧州エリア、アジアエリアにて、トータルヘアソリューション事業をグローバルに展開する毛髪関連企業としては世界No．1企業となりました。

現社長の津村佳宏はアデランス入社後に理容師の免許を取って、社長に上り詰めました。他の役員の多くが理・美容師の資格を持っています。当社は、理容・美容の技術力に支えられて伸びてきた会社であると言えます。

■国内市場環境

ウィッグの市場規模は実はそれほど大きく変わっていません。市場全体の規模は大体１１００億円くらいです。アデランスとアートネイチャーで日本のウィッグ市場を二分しています。売上を男女比で見ると、女性、とくに50代から70代のアクティブシニアが占める割合が男性を上回るようになりました。

また、後で説明しますが、当社は国内の35の病院にヘアサロンを展開しています。女性は、抗がん剤を使うと副作用として髪の毛が抜ける確率が高い疾患が多いです。女性の患者の多くが医師から癌の告知をされたときに最初に考えることは、どんな治療を受けるかではなく、「抗がん剤の副作用で髪の毛が抜けたらどうしよう。」と悩むことだそうです。当社では、患者様のそのようなお気持ち（お悩み）に対して、病院内ヘアサロンを通じて、患者様に寄り添い、しっかりと向きあっています。

■アデランスの事業とヘアケア市場

私どもは創業50周年のとき、新たな方向性を打ち立てました。それは「トータルヘアソリューション」といって、これまで毛髪のソリューションで培ったノウハウを使って、美容・理容、健康などを取り扱うウェルネス企業として世界のウェルネス市場に事業を広げようということで、ウィッグ以外に発毛剤・育毛剤、ヘアケア剤、ドライヤーなどの周辺商品も開発しています。ヘア関連市場は、大きく「毛髪業」「植毛市場」「発毛・育毛剤市場」「ヘアケア剤市場」の４つに分けられます。

①毛髪業市場

ウィッグや増毛、育毛の市場です。ウィッグ市場は当社のコアとなる市場です。

②植毛市場

当社にはボズレーという、アメリカに、25のクリニックと47の相談室を持っている子会社があります。今１２０億円の売上を持っており、海外での売上の伸びに貢献しています。植毛とは毛髪を頭皮に移植する技術で医療行為になります。後頭部から増やしたい部分に髪の毛を移植するというものです。ですから「植毛」というよりも、どちらかというと「毛髪移植」です。英語でいえば、ヘア・トランスプラントまたはヘア・トランスプランテーションとなります。トランスプラントは「移植する」という意味で、髪の毛が増えるわけではありません。でも少し取ったところは縫ってしまうと、皮膚は伸びるのでほとんどわかりません。ですから前頭部の髪は本当に増えた感じになります。

ヘア・トランスプラントは、比較的簡単な手術で後頭部の髪の部分を１センチくらいの幅で15センチくらい取り、毛胞ごとに切り分けます。それを、自分の薄毛で悩んでいるところ（多くは前頭部や側頭部）に植えるようなかたちです。そうすると人間のＤＮＡは不思議なもので、約96～97％の髪が改めてしっかりと生えてきます。クレームもほとんどありません。だからこそアメリカのような訴訟社会の国でも、当社がリスクを管理して経営できるのです。そうでなければ医療機関の経営はリスクが高く、簡単には参入できません。

この植毛だけで、アメリカの市場は１０００億円以上あり、ボズレーが1社でシェア10％を占めています。残りの市場は個人経営のクリニックで占められているため、ボズレーに競合する医療機関はない状態です。一方、日本は医療法がきびしいので、ヘア・トランスプラントの市場規模は全国でもまだ50億円程度です。

③＆④発毛育毛剤市場、ヘアケア剤市場

ヘアケア剤市場、毛髪関連市場は国内では大体５０００億円くらいの市場です。海外を考えれば、いくらでもチャンスがあります。

私は、アメリカに5～6年駐在し、ロサンゼルス、アトランタ、フィラデルフィアの3カ所に住んでいたのですが、どこに行っても日本人の経営する美容室があり、日本人の美容師がいてくれ、シャンプー・カットなどでお世話になりました。美容師のビジネスとしての可能性を世界まで広げると本当に広く、みなさんの可能性は無限大だと思います。

本日は高性能小型折り畳み式ヘアドライヤー「エレガンジェット」について説明と実演を行

います。これはアデランスにとって、美容の世界でのＢｔｏＢ展開という新たな試みの一つのです。本機は、軽量化を図ることで、美容師が仕事で一日中持っていても楽ですし、静音機能により、ドライヤーをかけながらお客様との会話も楽しむことができます。

■ダイバーシティ、ＳＤＧｓ

当社は今ダイバーシティを大事にしています。ダイバーシティとは多様性のことです。またＳＤＧｓという言葉がよく聞かれます。これは２０３０年までに達成しなければいけない世界全体の目標で、世界に対して環境や貧困、差別などをなくすための17の目標を達成しようというものです。前述したように、当社は自社の強みを社会で活かす経営をしているので、ＣＳＲの考え方を根幹に、ＳＤＧｓも自然に進んでいくことになります。

例えば、これからの50年に向けたアデランスを体現する商品として、ハイグレードとサステナブルが共存したシャンプーとコンディショナー『L'HOMME ADERANS』を開発しました。この商品は、これからのアデランスを示そうという当社の取り組みの一つです。

容器の塗装は「山中塗」という非常に伝統的な日本海側の技術を取り入れています。詰め替え用パウチにはバイオマスプラスチック、つまり石油などを使わずに植物繊維をうまく活用したパウチを使っています。パウチに入っているシャンプー、コンディショナーの中身を入れ替えることで、長く「山中塗」という日本的な風合いのある素敵な容器とお付き合いをしていただければと思っております。また、本商品の開発には、ダイバーシティの視点から女性スタッフの感性が生かされています。

■CSRの取り組み

アデランスのＣＳＲは具体的に４つの柱があります。私たちがそのような世界を持って、みなさんをお待ちしていると理解していただけたらと思います。

①社会・地域貢献「愛のチャリティ」

１９７８年から50年来続けている「愛のチャリティ」は、病気やけがなどを理由に脱毛したお子様に対し、「髪の悩みを心の傷にしないために」をテーマにウィッグをプレゼントする活動です。

実はこれについても当社の強みが関係しています。お子様へウィッグをプレゼントすること自体は、どのウィッグ会社でもやろうと思ったらできるでしょう。しかし、子どもの髪の毛は大人に比べて細いため、大人の毛材を使ってお子様用ウィッグをつくるのは難しいのです。

当社のタイ工場は、髪の太さが日本人と比較して細い、欧米の女性向けウィッグも生産しており、そのノウハウをお子様用ウィッグに活かしています。実際に工場を持ち、かつ、毛材開発もしている会社だからこそできる取組みなのです。元々は「社会への恩返し」としてスタートした取り組みですが、お子様の頭の形は年齢によって変わるため、それに合わせるには高い技術を要するので、プレゼントする側の私たちの技術力も向上するという点で、非常に意味のある取り組みになっています。

また、当社の社外取締役で、中央大学の兼任講師の山田雅穂先生も、かつて「愛のチャリティ」で当社のウィッグを受け取られた方の一人です。山田先生と私がＣＳＲの日本経営倫理学会で出会ったとき、「実は、子どものときアデランスに支えられた」という話をしてくれました。その後もお付き合いを重ね、当社の社外取締役になってもらいました。現在、ダイバーシティを進めるための素晴らしい羅針盤的役割を担ってくれています。

アメリカでは子会社である「ヘアクラブ」で１９９２年から同様に活動「HairClub for Kids」をスタートしています。２００億円くらいの売上げを持っている大きなウィッグ会社ですが、当社のグループ会社として日米の違いはなく、同じ思いで活動しています。

②お客様の安心・安全「病院内ヘアサロン」

これは、私たちにとって、ＣＳＲがビジネスと直結した初めての例になります。

当社は２００２年に病院内ヘアサロンをスタートしました。きっかけは、静岡がんセンターの看護師長が「患者さんが抗がん剤で髪の毛が抜けることに悩んでいる。でもどのウィッグを勧めていいかわからないので知名度の高いアデランスに来ました」と相談に来てくれたことです。

私たちの強みの一番目は、社員の約６割が美容師・理容師の資格を持っていることですので、「わかりました。病院の中に当社のサロンをつくりましょう。抗がん剤治療で脱毛に悩んでいる人に来ていただければ、ご相談にのります。お悩みの解決のためにはオーダーメイドも、レディメイドもどちらも提供できます」ということでスタートしました。

ただ当時の当社の経営陣は、病院内ヘアサロンの運営を、利益は考えないボランティア的活動として位置づけていました。みなさんもこれから経営の勉強をするとわかると思いますが、これですと、事業計画も作れず事業を担当している人間にとっては辛いことです。決して病院内で儲けたい、という趣旨ではありません。必要最低限の資金を確保できないとサロンを健全に運営することはできず、ビジネスとしては大きくなりにくいからです。

病院内ヘアサロンの現場の人たちの頑張りにより口コミで少しずつ広がっていきましたが、10年経ったときもまだ8～9店舗でした。２０１１年に私が米国駐在から帰国していたときに、このサロンを当社の事業と一体化したＣＳＲのコアにしようと考えました。

どういうことかというと、髪に悩んでいるお客様に対して、私たちの技術を提供した結果、ここまで店舗が増えたのだから、これは私たちが社会的責任を果たしている「ＣＳＲの象徴」ですとご説明し、いろいろな病院を回りました。すると病院からも「ＣＳＲの一環でしたら、ぜひうちの病院に来てください」ということになり、２０１１年は8～9店舗だったのが、現在は35店舗にまで広がっています。

　これは海外からも大きな評価があって、福祉先進国のスウェーデンやオランダでも展開しています。このように、日本で考えられた患者様に寄り添う病院内ヘアサロンが世界に広がっているということも美容師を目指す皆さんにぜひ知っておいてもらいたく思います。

がん研有明病院の院長が言葉で印象に残っているのが、「どんな患者さんでも髪の毛を洗うだけで元気になる」ということでした。また、あるデイケアセンターの社長と話したときには、「介護士も、看護師もシャンプーのやり方を学校で習ったことがないんです。だからシャンプーが目に入ったり、頭の洗い方が強すぎる、といったお申し出が一番多い」ということでした。

　このように、みなさんが当たり前のように身につけた技術が、病院で困っている人たちにも、喜ばれるものなのです。だから、みなさんの美容技術は、実はこういったお客様の安心・安全の中でも活かせるということを知ってください。

　また、この病院内ヘアサロンでは、車いすやベッドからの乗降が負担なので、なんとかできないかという声が現場から上がり、座ったままカットやシャンプーを提供するために移動式の理美容椅子を導入しています。

　理美容室の椅子で国内外で高いシェアを持っているタカラベルモントに、移動式美容椅子製作のお礼を伝えたところ、「アデランスさんとの出会いによって、当社の技術が意義ある目的にご活用頂けて大変嬉しい」と逆にお礼を言われました。

③環境への取り組み「フォンテーヌ 緑の森キャンーン」

これはお客様からの一本の電話がきっかけです。「フォンテーヌ」というのは百貨店を中心とした当社の既製品ブランドですが、「使われなくなったウィッグは、捨てるときに燃えるごみなのか、燃えないごみなのか」という質問でした。

電話を受けた人が調べてみると、ウィッグの素材が燃えるごみなのか、燃えないごみなのかの基準は、自治体によって違っていたのです。そこで、回収したウィッグを、当社が環境に配慮した適切な廃棄処理を行うことにしました。

回収時に「ありがとうございます」とサンキューカードをお客様に渡し、それが新しいウィッグを購入する際のクーポンになっています。そして、そのクーポンを使った売上の一部を植林に回しています。おかげさまで現在、お客様を中心にしたエコキャンペーンが継続しています。

最初は山梨からスタートし、東日本大震災後は「さくら並木ネットワーク」を通じた東北の桜並木の植林・保全活動に参画しています。大津波の到達地に桜の木を植えて、今度津波が来たらこの桜並木まで逃げてください、という目印にしています。

また東日本大震災で間接被害を受けた静岡県立森林公園にある天然記念物アカマツ林の再生活動にも取り組んでいます。このアカマツの林は、防虫剤を撒くとき、震災救助のためにヘリコプターが出払ってしまって防虫剤が撒けず、多くが枯れてしまったのです。

私たちが創業50周年のときに、「これから50年かけてアカマツの林を再生させます。手伝っていただける企業はありませんか」という静岡県のお話に賛同し、民間企業として初めてサポーターになりました。当社の１００周年に向け、アカマツの林が再興できるよう継続してサポートしていこう、ということでやっています。

④学術・文化活動「スタジオＡＤ」

当社は、ウィッグを多彩な文化活動に提供することで、ウィッグの持つ可能性を広げています。中でも文化芸能部門であるスタジオＡＤは、日本を代表する舞台芸術・映像作品などを手掛けています。

１９８３年にミュージカル『キャッツ』が劇団四季によって日本で初演されるにあたり、当社に電話がありました。「『キャッツ』という素晴らしいミュージカルを日本に導入したい。アデランスさん、手伝ってくれませんか」ということでした。

当時の日本にあったのは時代劇用のカツラが主で、『キャッツ』のようなミュージカルで使用するウィッグはどこにもありません。日本に『キャッツ』を導入するためには、通気性が良くて、フィット感もよく、猫の自然な毛を表現できる奇跡のウィッグが必要だったのです。

そこで、劇団四季の美術担当者さんが、日本のウィッグメーカーの「ア」から順々に電話をかけて聞いてみたそうですが、どのウィッグメーカーに聞いても、当時そのような技術を持っている会社はありませんでした。

後にその美術担当者さんから聞いた話ですが、当時アデランスの社長だった根本だけが「私たちは今すぐそのような技術はないですが、一度預けてもらえませんか」と言ったらしいです。前述したように、根本のポリシーは「お客様の声を聞き、出会ったお客様を大事にせよ」です。根本の「できないか？」という質問に、当時の技術部長は「できません。でも、つくりたいと劇団四季さんは言っています」と答え、「なら、お客様である劇団四季と一緒につくろう」ということで共同プロジェクトチームをつくって製作されたのが『キャッツ』のウィッグなのです。人間の毛では猫の毛並みには見えないので、丈夫で激しい動きにも耐えられるヤクの毛を素材として選びました。

今「フォンテーヌ」ブランドでベストセラーになっているウィッグ「ＶＡＬＡＮ（ヴァラン）」という商品ラインには、当時『キャッツ』のために開発したエンターテインメントウィッグのノウハウが活かされています。通気性がよく、フィット感がよい。本気でウィッグ文化に取り組んだことが、今、本業のビジネスにも役立っています。

このように、ウィッグ一つとっても、エンターテインメントの世界まで技術があればやれるということを知ってください。

私たちのＣＳＲの取り組みで少しだけ加えると、今でこそ「ヘアドネーション」は一般的になりましたが、少し前まで日本にではあまり知られていませんでした。

帯広三条高校の生徒さんから、「ヘアドネーションをテーマに放送コンテスト番組を作るなかで、ヘアドーネーションのジャーダック（Japan Hair Donation & Charity）さんに取材することになった。併せて、ウィッグを子供たちにプレゼントしているアデランスさんにも話を聞きたい」と連絡があり、取材を受けました。その時にジャーダックの活動も知ることになり、早速ジャーダックの事務所がある大阪まですぐに向かいました。

　このように、私が大阪まで話を聞きに行ったことがご縁で、ウィッグを必要としている子どもたちに寄付された人毛のウィッグを無償提供するＮＰＯ法人の存在を知り、協力しようということになりました。電話をくれた帯広三条高校の学生さんの本気さ、自分が何かをしたいという気持ちが、アデランスという企業を動かし、私たちはジャーダックと出会うことができたのです。

　今では、私たちの本社などに、ヘアドネーション支援自動販売機が置かれ、売上の一部がジャーダックに寄附されます。これは、コカ・コーラ ボトラーズジャパン株式会社とも連携した取り組みです。このようにコラボレーションがどんどん広がっています。これはＳＤＧｓの17番目の目標「パートナーシップで自分たちの目標を達成しよう」に該当します。

　みなさんもぜひ「自分たちの学んだ技術を社会にどう活かせるか」を考えていただき、チャンスがあれば、私たちの活動に一緒に参加していただきたいと思います。先日、静岡の植樹に行ったときには、ＮＨＫ静岡放送局が取材に来てくれました。ＮＨＫの取材スタッフは、参加している当社の中京地区の社員が植樹会を通じて一体となっていることを感動を持って伝えてくれました。

　アデランスはＣＳＲ（企業の社会的責任）の継続を裏づけるために、自分たちの強み、つまり社員の多くが美容師・理容師の資格を持っていること、ウィッグの生産工場を持っていること、自社で人工毛髪の開発・製造をしていること、そして、エンターテインメントの世界でまで活動していること、こういった自社の強みによって社会の課題を解決に貢献しています。これが現在のＣＳＲですし、ＳＤＧｓにも通じると思っています。

　本日は私たちが取り組んでいるＣＳＲについて紹介させていただきました。みなさんが当社に興味を持っていただければ、私たちは責任を持ってみなさんを育てたく思っております。今日は教育指導の責任者の藤生ＣＳ教育部長が来ているので、少し話してもらいます。

藤生：藤生と申します。よろしくお願いします。指導担当の部長というと偉そうな感じですが、もともとは高校を卒業してアデランスの寮に住み込み、サロンで働きながら、会社に支援いただき通信教育で理容師免許を取りました。以降、現場でお客様の対応を長く担当してきました。
　今、我々がやっている活動は、実際に続けていくのが非常に大変で、やり続けるためには会社としての体力がないとできません。では、体力をつけるためにはどうするかといったら、お客様満足を高めなければいけません。お客様満足を高めるためには何が必要かというと、やはり社員の接遇レベルと技術力のアップなんです。その対価が最終的にお金になって還ってくるという感じの流れです。

今年は32名、去年は30名、新卒の理美容師の方たちに入社していただきました。入社後の研修では、現場にデビューできる人財となっていただくための講義を行います。配属後にも、フォロー研修もあります。

新卒の技術者とは、面談をよく行います。心の教育というのが大事で、人間は、できていそうで、一人ぼっちになると弱いんです。面談は本来10分程度ですが、長い人だと1時間半とか2時間くらいかかったりします。でも自分と向き合うことで乗り越えられるというところが結構あり、私はその辺を大事にしています。

本日、箕輪が説明したＣＳＲ活動は、社員として働いている自分たちの心の糧になっているんです。こういうものを続けることに意義があるのと、関わっていると思うことによって自分自身がすごく心が洗われ、救われたように感じています。そうすることによって会社自体もすごくクリーンなかたちになり結果、お客様満足というかたちに繋がっております。

話しを聞かれ興味がある学生さんと、ＣＳＲ活動で一緒に取り組みができないでしょうか。みなさんの力を借りるからこそ、フレッシュにできるようなものがあれば一度考えて、一緒にコラボできたらいいなと思いながら今日は聞いていました。

企業が何百社何千社とたくさんある中で、去年も2名がこの学校からアデランスに入ってくれて今、一緒に仕事をしています。これからも数多くの企業の中から当社を選んでいただけるような会社であり続けられるよう、私も頑張りたいと思います。みなさんもまず国家試験の合格し、そして次のステップに進めるお力添えができればと思いますので、どうぞよろしくお願いします。

箕輪：今、藤生部長が言ったように、本当に当社は技術者によって支えられており、藤生部長もその中枢にいます。みなさんがもし当社に来てくれれば、教育体制は彼が推進する教育システムの中で、具現化しています。

アデランスは「自社の強みを社会で活かす」という考えで「こんなことをやっているんだ」「これがCSR経営だし、ここに基づいて人を育てているんだ」ということを感じてもらえれば、私と藤生さんの言うことに齟齬がないことを実感できると思います。

「ウィッグだけでもこんな世界的展開がある。その裏側には美容師・理容師の技術があって初めて素晴らしいものが完成しているんだ」ということを理解していただけると、みなさんのような美容業界を目指した人たち、この人たちによって当社は支えられて50年、まもなく55周年を迎える今、このことをメッセージとして美容師を目指すみなさんに少しでも伝えられたらうれしく思います。

第４節　ジャパン・オーガニック株式会社《化粧品》

企業名	社長名前	ちふれグループ従業員数（連結）	ちふれグループ連結売上規模（億円）	事業の特徴（60字程度）
ジャパン・オーガニック株式会社	増田　剛	１１３５名（内アルバイト１１９名）２０２２年12月現在	未開示	株式会社ちふれ化粧品とともにちふれグループの中核企業としてオーガニック・ナチュラルコスメの開発や製造、販売を手掛ける。

■自己紹介

本田：ちふれグループのジャパン・オーガニック株式会社が展開するオーガニック・ナチュラルコスメの宣伝広告を担当している本田と申します。私は大学卒業後、ちふれ化粧品に入社しました。営業職を経て、新規事業として「おばあちゃんの原宿」と言われている巣鴨の店舗開発・運営担当となり「笑楽堂」というブランドを立ち上げ、通称「地蔵化粧品」をつくりました。当初お客さんから笑われたこともありましたが、最終的にはテレビに取りあげられたりして、結構有名店になりました。

その後、「環境に優しい化粧品をつくろう」ということで、ジャパン・オーガニック株式会社の設立に商品開発担当として参画することになり、２００８年に「do organic」という国産のオーガニックコスメブランド、２０１９年に「do natural」というナチュラルコスメブランドを開発しました。

現在は「マスターオーガニックコーディネーター」という、日本に保有者が２００人ほどしかいない資格を持って、オーガニック・ナチュラルコスメの啓発活動をしています。

■ジャパン・オーガニック株式会社について

弊社がオーガニックコスメになぜ行き着いたのかというと、２００７年頃ヨーロッパでは、「オーガニックコスメ」がすごく注目されていました。「オーガニックコスメってなんだろう？」と思い、調べてみたら、農薬や化学肥料を使わないオーガニック原料を使うことで、化粧品が環境保全にも寄与できることがわかりました。しかも「石油原料や遺伝子組換え原料を排除する」ことで、生物多様性に負荷をかけないつくり方ができるということもわかりました。当時、日本製のそのような化粧品はなかったので、弊社がそれをつくろうと思いました。

化粧品はざっくり言いますと、多くは水と石油系成分でできています。石油系成分は、肌への馴染みをよくしたり、保湿感を上げたりすることに寄与しています。これを天然由来の成分に置き換えると、肌への馴染みのよさをかなえることが難しくなります。あとはクレンジングだったら化粧が落ちにくい、化粧水だったら保湿が物足りないという問題があります。

これは余談として聞いていただきたいのですが、近年「ナチュラルコスメ」を名乗る商品が世の中にかなり増えてきていますが、実は自社で処方を組んだり、研究できる会社は少ないです。

そういった意味で、私たちは日本の化粧品製造メーカーとして、使用感の良さを出すのが難しいオーガニックコスメでも、石油系の化粧品と同じレベルで満足できるものをつくって普及させようと思い、ジャパン・オーガニック株式会社を設立しました。

「ジャパン・オーガニック」という社名は、「日本を代表するオーガニックコスメの会社を目指そう」という思いを込めたものです。

「オーガニック原料を入れたら、オーガニックになる」とみなさんは思いますよね。実はこれは間違いで、「オーガニックコスメ」とはつくり方の規格なのです。たとえば「オーガニック原料をどれぐらい入れる」「遺伝子組換え原料は使っていません」などといったルールについてちゃんと担保が取れるか。化粧品を作る釜の洗浄も石油系洗浄剤から環境対応洗浄剤に変えなくてはならない。このようにすべてルールが定められています。これらのルールを満たして初めて「オーガニック認証」という、「環境に優しいつくり方を定めた規格」に合致したものになります。

また、オーガニックコスメは一般化粧品と比べて、性能が上がりにくくなります。そのため、商品化に4～5年ぐらいかかります。

肌への馴染みをよくするため、石油原料を使わずに他の原料で代替していくことを目指しましたが、当時、代替の原料がなく、新しくつくったり、見つけたりして完成させたのが、「do organic」です。

さらに、オーガニックコスメの性能を上げるために、肌に馴染ませるとか、ハリを与えるための新しい技術を取り入れています。それらは石油系ではなく、私たちが自ら見つけた植物原料の組み合わせ効果です。このような新しい技術を入れて、化粧水で３８００円という価格はとんでもなく安いと思います。

ざっくり説明しますと、石油系成分は合成のセラミド3とかセラミド6が入っているとすると、それを天然由来原料に置き換えると、原価は何倍にもなります。つまり、「do organic」は新しい技術を取り入れて、原価も石油系より高いのにもかかわらず、３８００円という破格の値段で商品を提供しているわけです。

ただ、サステナブル、あるいはSDGsということが言われている今の世の中で、若い方にはぜひ環境対応化粧品を使ってほしいということを考え、もう少しハードルを下げたほうがいいだろうと思い、つくったのが「do natural」というナチュラルコスメブランドです。これについてはあとで詳しく説明します。

オーガニックコスメはこのようにルールに則ってつくられるのですが、「do natural」は自らのルールを設けました。それは「90％以上天然由来原料配合」です。天然由来成分を90％以上にすることの意味は、石油原料を少なくすること、サステナブルな原料に切り替えていくということです。肌に優しいかどうかは一切関係ありません。このことは強調したいと思います。私たちは肌のテストもしていますが、天然由来成分はむしろ肌に刺激が出やすくなる傾向があります。これは植物の特性です。

実は天然由来率を上げていけば上げていくほど、肌への刺激は注意しなければならず、技術が必要になっていきます。したがって、肌への刺激を少なくしながら天然由来率を上げていく技術が必要です。無添加ということは石油由来の界面活性剤とかシリコーンは使いません。シリコーンをなぜ使わないかというと、肌や頭皮に対して特に悪いことはないのですが、環境に放出されたときに自然界で分解されにくいからです。「ノンシリコーンだから肌に優しい」という情報は個人的には事実と異なっていると思っています。

■今日、お伝えしたいこと

本日はこの3つだけ押さえていただければと思います。

まず1つ目。「オーガニック・ナチュラルコスメは、石油原料を低減した環境に優しい化粧品」です。オーガニック・ナチュラルコスメは肌に優しいというイメージがありますが、正しくは環境に優しいということです。

「石油系はなぜオーガニックで使用不可なのか?」と言いますと、持続不可能な有限資源であるからです。石油は天然の資源ですが、オーガニックの考え方では持続不可能であることと、人間により、化学合成され、環境や健康への懸念が一部あるからです。たとえば、パラベンをなぜオーガニックコスメで使わないかと言うと、「肌に悪い」とよく言われていますが、実際は化学合成物であり、地球が生み出していないものだからです。

また、これは覚えていただかなくてもいいですが、ヨーロッパでは一部のパラベンに環境ホルモン様作用の疑いがかかっています。「環境ホルモン」は人体に入ると、悪影響を及ぼす疑いがあり、ヨーロッパでは使われないようになっています。日本では普通に使われていますが、世界的な視点で見るとパラベンは使わない方向になっていることをお伝えしておきます。

次に2つ目。『オーガニックコスメ』は、生物多様性を守り持続可能で環境に優しい『オーガニック』の普及に化粧品から寄与します」。化学的に合成する農薬・肥料を使うと、土壌の微生物への影響と生態系のバランスが崩れてしまう懸念があります。すると地力（ちりょく）が維持できず、化学肥料を投下しないと、おいしい作物ができなくなったり、農業が続かなくなってしまいます。近代農業は農薬・化学肥料に依存していますが、生物多様性という視点から考えると、自然界の循環の力、つまり微生物やミミズ等が行う土壌の生物多様性を守る力を活かした農業に切り替えていくことで持続可能な農業にしましょう、環境と健康を守りましょうというのが実はオーガニックなのです。

化粧品にオーガニック系原料をたくさん使えば、有機農家を増やすことができます。弊社はオーガニックの普及に対し、化粧品側から寄与して有機農家の需要を増やすことができるのです。そうすることで地球上から農薬・化学肥料は減っていくということです。

したがって「オーガニックコスメ」とは、オーガニック農家の需要を増やす化粧品であり、石油原料を使わない環境に優しい化粧品ということです。

ここまでの説明でおわかりいただいたと思いますが、私は肌の話は一切していません。「オーガニックコスメ＝肌に優しい」というのは誤りです。環境視点で考えていけばすべて合理的ですが、肌視点で考えていくと植物はものによっては肌への刺激が強くなります。

たとえば、バラは数百の成分の集合体であり、肌にどう作用するかわからないこともあるのです。私たちは「この程度の量であれば刺激は出ない」ということを見極めてから配合しています。

よく「do organic（はバラの成分を配合している商品があるけど）、バラの香りが少ないよね」と言われたりするのですが、植物はいろんな成分の集合体なので、配合量や組み合わせを間違えると、刺激になってしまいます。刺激がなくて気持ちよい配合量というのがメーカーのノウハウになります。弊社はそれらを研究していて、「いい香り」という背景には刺激もあるということも全部考えてつくっていますので、みなさんが気持ちよく使える化粧品になっています。

そして３つ目。「オーガニック・ナチュラルコスメなど環境に優しい商品を選択することは、２０３０年までの世界的な目標「ＳＤＧｓ」にも寄与します」。石油原料を使わないとか、パッケージもできるだけ少なくしたりするとか、非木材紙を使っています。

「do organic」の包装は、日本の「包む」文化である風呂敷のコンセプトを活かしています。いずれ世界に「日本の化粧品、すごいでしょ？」と持って行きたかったので、スリーブケースを採用しました。

また同時にゴミを減らすことも考えています。デコラティブでキラキラした化粧品の包装もいいと思いますが、次世代のことを考えていくと、やはり環境負荷を減らす必要があるのではないかということで、環境負荷をできるだけかけない設計にしています。

ここまでのお話は「オーガニックコスメは環境に優しい化粧品であり、その根っこにある思想は「化学的に合成されたものをできるだけ使わない」ということ、自然の循環を阻害しないつくり方をしているので環境に優しい」ということです。

オーガニック原料を使うだけで生物多様性に負荷をかけませんし、水系や土壌生態系なども守ることができます。したがって「オーガニックコスメ＝環境に優しいＳＤＧｓな化粧品」ということになります。

農薬・化学肥料はすごく便利です。おそらく農薬・化学肥料がなかったら、世界の人口は現在のようになっていなかったんじゃないかと思います。ただ一方で、土壌生態系を考えると、色々な虫が絡み合って栄養のある土壌をつくっているので、農薬を使うとこの循環が断ち切られてしまい、栄養のある土ができにくくなってしまう懸念があります。すると、化学肥料を投下し続けないといけないという悪循環が生まれます。また、かつて農薬などの化学物質の一部が海や河川に流れていった結果、問題となったことがありました。

１９９８年、雌雄同体のホッキョクグマが産まれています。この背景として、農薬に絡んだ残留性有機汚染物質が影響しているのではないかと言われています。またヒトにも影響があるかもしれないということが最近言われています。

■化学物質の懸念：エコチル調査について

「エコチル調査」というものがありますが、これは「エコロジー」と「チルドレン」を組み合わせたもので、２０１１年から13年間にわたる長期調査と10万組の母子に対して環境省が行っている調査です。

内容をざっくり申し上げますと、胎児期から小児期にかけて化学物質の曝露をはじめとする環境因子が、妊娠・生殖、先天奇形、精神神経発達、免疫・アレルギー、代謝・内分泌系に影響を与えているのではないかという仮説に基づいて環境省が調査をしています。

どんな化学物質を調査しているかというと、「ダイオキシン」や「ＰＣＢ（ポリ塩化ビフェニル）」、有機フッ素化合物、水銀やカドミウムなどの重金属、内分泌攪乱物質、それから農薬などで、それらをどの位摂取したか等を調べています。

■環境省：「子どもの健康と環境に関する全国調査　仮説集」について

環境省のデータによると、先天性奇形が増えているそうです。あるいは精神神経発達の分野で鬱が増えていたり、免疫・アレルギー分野で喘息が増えていることもわかります。

話が脱線してしまいますが、環境に負担がかかる原料はできるだけ使わないほうがいいというのは、実はこういったことがあるからです。みなさまを美しくできる化粧品はできる限り環境に負荷をかけないものを使ったほうがいいということの１つの理由です。実は化粧品にも一部環境や生態系への懸念のあるものが少し入っているということです。

例をあげると、「do natural」については「マイクロプラスチック」という、メイクののびを良くしたり、均一に塗布する目的で、多くの化粧品に使われている成分を配合していません。なんで使わないかというと、環境負荷の懸念があるからです。

「肌ではなく、環境に負荷をかけない」ということは、みなさまの健康を守ることにもつながるということを頭の隅においていただけるとうれしいです。

■耕地面積に対するオーガニック面積と面積割合

現在、日本のオーガニック農地面積割合がどれくらいかと言うと、約０．３％しかありません。

「オーガニック」という言葉はたくさん聞かれますが、実際には０・３％しかないのです。

あと、日本が「２０５０年までにオーガニック農地面積を25％にします」と宣言したのを聞いたことはありますか？ 農林水産省によるみどりの食糧システム戦略です。世界をみると２０３０年までにＥＵ圏では農地面積の25％をオーガニックにするとしています。

日本はそこからずいぶん遅れて、２０５０年までと言っています。現在の約０・３％をこれから10年〜20年かけて上げていくことになっています。世界ではこういったことでオーガニックが広がっていますが、日本はまだまだです。

私たちは化粧品から変えていきたいと思っています。オーガニック食品は値段が高いということもありますが、私は美容からオーガニックが広がっていけばいい、オーガニック原料を使った化粧品でオーガニックを広げていこうと思っています。それで「do organic」という名前をつけました。「オーガニックしようよ！」という意味です。

■オーガニックとは

ここまで再三、「オーガニックとは、農薬・化学肥料を使わないということ」とお話ししましたが、「オーガニック」は国ごとに決めたマークがあります。

農産物だったら日本の「有機ＪＡＳ」マーク、アメリカでは「ＵＳＤＡ」マーク、ヨーロッパでは「ユーロリーフ」マーク。このマークがついたものがオーガニックですよと国が認めたものになります。

その本質はなんなのかと言うと、地球を健康にすることです。「オーガニック」とはなんなのか。農薬・化学肥料をなぜ使わないのか。地球を健康にして、その結果、私たちや未来の世代もみなが健康でいられる上向きのプラスの循環を持続的に生み出す仕組み・方法。これが「オーガニック」であると思っていただければいいと思っています。オーガニックの規格は難しい説明がたくさんあります。ただ、一言で言うと、みんなが笑顔になれて次世代も笑顔になれる。そんな仕組み・方法・つくり方と思っていただくとよいと思っています。

■日本におけるオーガニック認証

今、日本には国が定めたオーガニックのルールは食品にしかありません。化粧品にはないのです。世の中にはオーガニックコスメがやたら氾濫していますが、何をもってオーガニックなのかという「ものさし」がないのです。テキスタイル（織物布地）も同様です。ルールがないので、いろんなメーカーが思い思いのことを語っており、その結果、「オーガニックは肌に優しい」とか「オーガニック=なんとか」という情報があふれています。再三申し上げたとおり、「オーガニックは環境に優しいつくり方の規格」です。

■オーガニックコスメ認証

オーガニックコスメについては日本には国のルールがないため、ヨーロッパの「ＥＣＯＣＥＲＴ（エコサート）」など民間の第三者オーガニック認証機関のマークをつけたものが、オーガニックコスメとして認識される傾向にあります。

このマークができた背景は、ヨーロッパでは見せかけのオーガニックコスメを売ろうとする会社が多かったようです。ヨーロッパの方はオーガニックコスメを肌にいいからというよりは、環境にいいから買います。「エシカル消費」という言い方をします。ただ、そのときに「環境にいいもの」というイメージを利用して「オーガニック」に見せかけた商品が出てきたので、このマークができたという背景があります。

今、日本のコスメ業界では何をもってオーガニックといえばいいかわからないので、世界の多くの国々で流通しているこのマークを「do organic」にはつけています。

■日本におけるオーガニックコスメ、ナチュラルコスメ

そういう意味で日本のオーガニックコスメ、ナチュラルコスメは４つに分かれていると思ってください。

①第三者機関の認証取得化粧品

「エコサート」「コスモスオーガニック」といったマークがついたもの。第三者機関の規格で認証された化粧品
②オーガニック認証成分を配合し、化学成分を不使用または極力排除したもの
③一部のオーガニック成分を配合するオーガニック訴求ブランド
④天然・植物由来の成分を主成分とし、ナチュラルを訴求するブランド

実は、世界的にオーガニックコスメと呼べるのは、①だけです。この①のマークをとった商品は、原料をつくる土壌から消費者に届くまですべての工程で環境負荷を下げるためのルールが設定されて、それをクリアしています。すべて環境基準です。

「エコサート」は、「環境認証」です。オーガニックは環境にいいものということであり、肌ではないのです。オーガニックであることの意義は、農薬・化学肥料を使わないオーガニック農家の応援だったり、石油から化学的に合成したものをできるだけ使わずに環境に負荷をかけないでつくることが大切だということで、こういった仕組みができているわけです。

ただ、日本にはオーガニックコスメやタオル、コットンにそのようなルールがないので、各々のメーカーの言い分でつくられています。

したがって、「オーガニックコットン」とか「オーガニックコスメ」を名乗るブランドがあったら、「このブランドはどういうところが『オーガニック』なんですか？」と聞いてみるとい

いと思います。

そうしたとき、本日私がお話したようなことが回答で返ってくるかわかりませんが、私たちはこういった規格で商品をつくる中で、オーガニックの定義は間違いなく世界に共通する環境保全のためのつくり方であると思っています。そうではない回答があったら「なぜそのように思うんですか?」と聞いてみるのが1つの手だと思います。会社にはそれぞれの考え方があるので、その考え方を聞いて「あ、いいな」と思うものを買うのはいいと思います。

今、日本で足りないのはオーガニックについての基礎的な情報です。正しい情報があまりにも足りないので、消費者が何を買えばいいかわからない状態が続いています。私はこのブランドを立ち上げて14年間携わっていますけれども、この状況はいまだに変わりません。当時は本当に混沌としていましたが、今はSDGsが掲げられるようになって随分変わりました。

お時間がありましたら「do organic本田」などで検索をしていただきますと、私なりに正しいと考えている情報を発信しているページがヒットすると思いますのでご興味ある方はご覧下さい。

みなさんが正しい知識を持っていないと、メーカーが育たないので、ぜひみなさまに正しい知識を持ってほしいと思っております。

■人にも環境にもやさしいCOSMOS認証

オーガニックはつくり方の規格ですということはお話したとおりですが、まず、原料だったら農薬・化学肥料を使っていないことが証明された「有機JAS」のマークがついている原料、もしくは「エコサート」のマークがついた原料を使っていると、オーガニックの原料になります。

次に製造工場の場合、実はオーガニックマークのついた商品は、工場の釜を洗う洗浄剤も石油系から環境対応の洗浄剤に変えることがルールで決まっています。これは意外と知られていないことです。

オーガニック認証工場は、洗浄剤が変わっていることとか、オーガニック原料と一般の石油化学原料が混同されないように分けて保管されている状況が確保されています。

それから「do organic」には米由来成分が入っていますが、当然のことながら農薬・化学肥料は原則使っていません。

一般的に成分にする過程で、石油を使ったりもするのですが、オーガニックの場合は圧搾するなど、石油を排除した方法で成分にします。このことも世の中にあまり知られていません。

それから配合量も全部チェックされて、認証マークがつくことになっています。よく「オーガニック原料何%配合」とか聞いたことはありませんか？　オーガニックシャンプーで何%配合で「髪に優しい」とか「肌に優しい」。もうおわかりですよね。オーガニック原料を使うから肌にも髪にも優しいわけではありません。

オーガニックコスメの中の配合量は、環境にできるだけ配慮してつくっている、という意味になります。

次に、遺伝子組換え原料や天然に存在しない素材を使わないというのは、不自然なものを使っていないと理解していただければ結構です。遺伝子組換え原料がなぜダメかというと、環境・健康にリスクが高いか低いか、まだよくわからないからです。わからないものはできるだけ使わないようにしようという「予防原則」というルールがあります。なので使わないということになっています。これは環境中に放出されると、既存の在来種に影響を及ぼす可能性があるかもしれないということも含めてです。

それから放射線照射された原料は使わない。植物原料は滅菌処理のために放射線を照射するものもあるのですが、それは使わないようにしましょうということが決まっています。あと、ナノマテリアル。よく「ナノ化してなんとか」と聞きますが、オーガニックコスメの場合、ナノは安全かどうかまだわからないというスタンスになっています。「絶対に安全」とは言い切れない状態なので、オーガニックコスメでは使ってはいけないということになっています。

それから動物実験。動物も人間と同じで、動物に負荷をかけてはいけません、ということが決まっています。これらはすべて監査され、このつくり方をするのがオーガニックコスメです。

なので、単にオーガニック原料を入れているだけではないということをおわかりいただけましたでしょうか。オーガニックコスメは結構手間暇がかかっているのです。

これ以外にも、少しマニアックですが、「組み合わせ」という技術を使っています。一般化粧品が石油系成分で効果を上げているところを、石油系を使わずにどうして効果が高いのかと言うと植物の組み合わせなんです。ただ組み合わせればよいわけでなく、これ！という相性のよい組み合わせを研究しています。

■環境にやさしいナチュラルコスメ例：do natural

こういったものを研究しているので、天然由来のものでも効果が上がります。したがって、天然由来だから効果が高いのではなく、天然由来で効果を上げる技術を持っているかどうかということがこのオーガニック・ナチュラルコスメの難しい部分になります。

「do natural」の日やけ止めは、99．7％石油系を排除しながら、紫外線吸収剤も使っていません。現在一部の紫外線吸収剤はハワイですとか南半球の一部で販売や使用してはいけないという方向にだいぶ動いています。

どの国も日本以上に環境に負荷をかけないものをつくりましょうということが言われているわけです。

にも関わらず、こういうものを使わないと白くなったりベタベタになる、環境にはいいかもわからないけれども使いやすいＵＶにするには難しいので、なかなか日本のメーカーはやりたがらない。こういったものはまだ珍しく、結構画期的だと思います。

あとは「マイクロプラスチック」。

実は２０２２年、化粧品のスキンケアでは洗い流しの原料ではもう配合しないということになりました。

ちなみに見落としがちなのはメイクなんですね。メイクには結構入っているんです。みなさまも今メイクされていると思いますが、そのメイクの発色をよくすることとシュッと滑らかにする成分がマイクロプラスチックなんです。

具体的な成分名で申し上げますと、ナイロン６とかナイロン12とかメタクリル酸メチルクロスポリマーという成分が主な成分なんですけれども、こういったものは実は海洋生態系に懸念があるということが最近言われ始めています。

ただ、規制がまだメイクにはかかっていないんです。

綺麗に滑らかにさせるのがマイクロプラスチックで、原価も安いんです。なのでプチプラから高級コスメまで、ほぼ使っていると思っていただいて結構ですが、海洋生態系のことを考えていくとできるだけ使わないほうがいいということで「do natural」はいち早くこれを成分から抜いています。

それからもう１つ言うと、先ほど農薬があまりよくないかもしれないというお話をしましたが、マイクロプラスチックは農薬など環境汚染物質を吸着するんじゃないかということも言われたりしているんですね。そういった意味で、だったら使わないで綺麗なものをつくれたらいいですねということでこれはやっています。

それから「do natural」のスキンケア。これも90%天然由来成分配合なので、できるだけ石油原料もシリコーンも使わずに、環境に負荷をかけないということでつくっています。

それからパッケージも天然由来です。シュリンクパッケージは多くが石油由来ですが、「do natural」は「ビューティ」と「サステナブル」の両立を目指すということで、このシュリンクパッケージにもバイオマスプラスチックを使っています。植物由来のシュリンクで環境に負荷をかけないようにつくっています。

このように、いろいろ考えていくと、化粧品はやれることがたくさんあるんですね。中身の部分が難しいので、なかなか冒険しにくいところがあるんですけれども。ただ外装パッケージについては、中身よりはやりやすいので、これからどんどんＳＤＧｓ視点が増えてくると思います。「紙にしました」とか「パッケージレスにしました」とか、たくさん出てくると思います。それはすごくいいことですが、やっぱり中身まで目を向けていくと、もっといいことができるということは覚えておいていただきたいと思っています。

■私ファースト↓「私も＋家族も地球も」へ

次世代のことも考えると、これまでは「私ファースト」で化粧品を選びがちだったかもしれませんが、そこにもう1つ「利他」という目線を入れて、私ファーストから「私も家族も地球も」という視点で考えてもらう。みなさまの購買行動を変えていただけると、化粧品メーカーもどんどん変わってくるんじゃないかと思っています。

私たちは、いろんなことを日本で最初にやってきたのですが、「そんなのさ！」といろんな方から言われることもありました。しかし、先駆けて生み出した詰め替え化粧品は今や一般化しました。オーガニックコスメも私たちが第一歩を踏み出しました。

やはりみなさまが生活の中でできること、環境に配慮しているものを選ぶ。オーガニックコスメを選ぶのでもいいですし、いろんなものを選ぶことが必要じゃないかと。

あと先ほどオーガニックの話をしましたが、「そのオーガニックって、なんで『オーガニック』なんですか？」と、どのように環境に優しいのかについて興味を持った商品について調べてみたり、聞いてみたりするのは、SDGsの視点でメーカーを鍛える上で必要だと思います。買い手のほうが知識をより高めていけば、メーカー側も見せかけだけのものを世に出せなくなってくるので、いい循環になると思うんですね。

長く使えるものとか、詰め替えのあるものを選ぶ。買い物する際に「これは必要かな？」と一旦考えてみることも必要じゃないかと思います。それからゴミを減らすことも心がける。ゴミを出さないようにすることがすごく大切なんじゃないかと思います。

こういったことは、若い方々に率先してやっていただけるといいなと思っています。申し上げにくいことですが、本当に誠実な会社もあれば、消費者のみなさまがあまり詳しくないことを理由に、私からすれば「その化粧品、本当にそういうつくり方でいいんですか？」と思うものもあるんです。

ですから、そういった意味でみなさまが知識をつけて、そういったことを発信する。私以外の話を聞いても結構ですし、メーカーにちゃんと問うということをしていけば、メーカーも変わっていきますし、みなさまの知見も増えて、どんどんいい循環が生まれていくのではないかと思います。上向きのいい循環を世の中に巻き込んでいくことができるんじゃないか。そのためには知ってもらうとか、ちょっと学ぶことも互いに必要ではないかと思っています。

■化粧品は環境の一部

化粧品は肌につけるものと思われていますが、私たちも環境の一部です。化粧品をつけるということは、自分の体を通して流れていきますよね。環境に負荷がかかっているものが私たちの体を通して流れていくということは、私たちにも負荷がかかっているかもしれませんよということで、私たちも環境の一部ですと申しました。

水や空気、作物、成分など私たちの体を通じて、私たちの使用を経て、また環境に戻っていきます。私たちにとって有害なものは、私たち以外の人にとっても有害なのです。環境にとっても、次世代にとっても有害なので、だからこそ持続可能で人にも環境にも優しいつくり方が大切です。もしくはそのようなものを選ぶということは、みなさま自身の健康、それから美しさ、生き方を輝かせるためにも必要じゃないかなと思っています。

■改めてオーガニック・ナチュラルコスメとは？

改めて、オーガニックコスメってなんでしょうか？石油原料に極力頼らずに生物多様性を守れるようなオーガニック栽培原料だったり、天然由来成分ならではの力を活かした処方にすることで、美容と健康と環境に持続的な上向きのプラスの循環を生み出す化粧品じゃないかと思います。

ですので、肌のことを考えていくと、やっぱり健康を考えなくてはいけませんし、環境のことも考えて、みなさまの美容が実現できるんじゃないかなということで、美容と健康と環境はつながっているということが、このオーガニックコスメやナチュラルコスメでよりわかりやすくなり、化粧品をつくるときに肌だけの視点で考えてもやっぱりダメなんじゃないかなということが、私のこの14年で得た経験です。

これはすごく「いいことじゃないかな」と思いますし、すごく大切です。日本の化粧品メーカーはここまで踏み込めていませんでした。やっぱり化粧品というのは、その人を表面上美しくするのではなく、生き方を輝かせるようなものでなくてはいけないと思います。

オードリー・ヘップバーンさんの言葉に「美しい唇であるためには、美しい言葉を使いなさい」というものがありますが、これは表面を飾るのではなく、自分自身を律する姿勢がすごく大切なんじゃないかなということを私は学ばせてもらいました。そういったこともちょっとイメージしながら化粧品をつくっています。

■一般化粧品、do natural、do organicの成分イメージ

最後に、一般化粧品とナチュラルコスメ、オーガニックコスメの成分の違いです。一般化粧品は大部分が水と石油由来成分でできています。別に肌に悪いとは思いませんが、環境という軸を入れていくと、できるだけ天然由来原料を増やしていくのがいいと思っています。

「do natural」は90％天然由来成分にしています。それから、これは私たちのコンセプトですが、マイクロプラスチックや紫外線吸収剤、それから石油系界面活性剤を使わずに、できるだけ石油系のものを排除していくことにしています。

「do organic」は、天然由来であることはもちろんのこと、さらにオーガニックの原料も一定量以上使っています。それだけではなく、石油由来成分、遺伝子組換え技術、ナノ技術、放射線照射、絶滅危惧種のようなものを使うのもダメということはルールに基づいて守っています。

繰り返しになりますが、原料段階から消費者の手に届くすべての工程で細かくルールで定められているのが「オーガニックコスメ」ということです。

最後にもう1点だけお伝えしたいことがあります。「天然由来100％だといいんですか？」とよく聞かれますが、「天然由来100％」は環境にはすごくいいと思います。ただし、肌という視点を入れたとき、再三申し上げたとおり、植物由来成分は多くの成分の集合体なので、量や処方のノウハウがないと。100％にすることで刺激になるものがあったりします。

「do natural」をなぜ天然由来成分100％にしなかったかというと、メイクの赤色を出すときに使う「カルミン」は天然由来なんですが、この成分はアナフィラキシーショックの懸念があると言われており、化粧品業界では使わない方向になっているんですね。このように、天然由来成分を使うと刺激がある場合もあり、合成色素のほうが肌に負担がかからないケースもあります。天然がすべていいというわけではないという一例としてお伝えしたいと思います。

消費者に天然100％信仰があるような気がしますが、化粧品はちょっと違うということはお伝えしておきたいです。天然100％がいいと言っているメーカーがあるかもしれませんが、安全性はどうなっているのかということは、意識しておく必要があると思います。

「do organic」も天然由来成分100％にしていないのは、品質の部分と刺激のところを全て勘案し、そうしています。100％にすることは環境にはいいのですが、肌という視点を入れたときはそうではないということはお伝えしておきたいと思います。

■SDGsへの貢献

最後に、SDGsについてです。今17のゴールがあります。

まず2番の「飢餓をゼロに」というところですが、「持続可能な農業システムは持続可能な食糧生産を促進させる」いうことで、オーガニックコスメでオーガニック原料を使っていくと、実は食料自給に寄与できたり、かなり多岐にわたって石油由来の原料を減らすことによって寄与できることが増えてきます。

環境視点でいきますと、カーボンニュートラルとかカーボンを減らすことが最近言われていますが、化粧品もそういったものを減らしていくとこの2番や3番「すべての人に健康と福祉を」。それから6番「安全な水とトイレを世界中に」とかにつながっていきます。

あと9番「産業と技術革新の基盤をつくろう」について、従来はオーガニックコスメで気持ちいい化粧品はつくれないと言われていました。私が挑戦した2007年、多くのメーカーから「いや、ちふれさん。やめたほうがいいですよ」「天然で性能を上げる、品質を上げる…無理無理。やめたほうがいいですよ」と化粧品業界の方々から言われました。

たしかに難しかったです。今でも大手がなかなか参入してこないというのは、本当に難しいからだと思います。

それからつくる責任・使う責任ということで、オーガニック・ナチュラルコスメの購入は、持続的な化粧品生産に寄与しますので、化粧品から環境負荷低減に寄与できる。それから13番の「気候変動に具体的な対策を」については、オーガニック栽培農法により、「適切な土壌管理が気候変動の抑制に寄与する」と農水省が示しています。

それから化粧品でいえば、石油由来のものを低減する製法によって気候変動の抑制に寄与できます。それから、この「トイレ」と「海を守る」に近いですが、いろんなところに寄与できます。

それから、スリーブケースはサトウキビの搾りかすからできているんですね。これは「ケナフ」という非木材紙です。そうすると森の豊かさを守るところにも寄与できたりする。ということで、あらゆるところでエコの視点でつくっています。

「do organic」の化粧水は99．9％の天然由来で、15．2％はオーガニックの原料を配合するなどし、生物多様性に負荷をかけない原料をできるだけ使っています。

それから、紫外線とか肌荒れとかを防ぐ手法、ハリを与える手法・処方を天然由来原料で実現する方法として、料理で使う「出汁」の技を使っています。原料の品質と相性が全部合って初めて気持ちよくできるようになっています。こういった思いを込めて本当に何十年もかけてつくられたんだなと思って使ってもらえると嬉しいです。

私も38才から14年間、ずっとオーガニックコスメをつくってきて、学ぶことが多くありました。本当に環境と美容と健康について、もっと本気でこれからも考えていかなければいけないと、オーガニックコスメで学ばせてもらった次第です。以上、オーガニックコスメ・ナチュラルコスメについてお話いたしました。どうもありがとうございました。

第3章 企業事例【内面の美・その他】

第１節　カゴメ株式会社《食品》

企業名	社長名前	従業員数（連結）	連結売上規模（億円）	事業の特徴
カゴメ株式会社	山口　聡	２８１８人	２０５６億円（２０２２年12月）	トマト加工品の国内最大手。飲料が稼ぎ頭。農事業を育成。米国などで業務用トマト加工品を積極展開

湯地：みなさん、こんにちは。カゴメの湯地と申します。いきなりベジチェックを体験していただきました。ベジチェックのスコアは多分３点台とか４点台とかがありましたが、実は目標は７点以上を目指しましょうというものになります。

７点以上、つまり１日に必要な野菜摂取量は３５０グラムなのですが、多分３・４とか１５０グラム摂れているであろうグラム数を書きましたけれども、３５０グラムに対してそれしか摂れていないということが、機械でわかるようになっています。

本日体験していただいたベジチェックは、２０１９年からスタートしたカゴメの新規事業です。私はカゴメでいろいろなビジネスをやってきましたが、成功よりも、失敗のほうが多いです。たとえば、会社に入っていきなり成功するとか、ヒット商品をつくるということはなかなかありません。とくに食品メーカーの場合、新商品を市場に出しても、数十年後に残っているのは3つくらいと、言われるくらい難しいことです。ただ一番大事なことは、失敗の中から何を学び、同じ失敗をしないということだと思っています。

今日は「ビューティービジネス応用〜カゴメ健康サービスについて〜」というお題ですが、いろいろお伝えしたいと思っています。

まず自己紹介させていただきます。私は大阪で生まれて大阪の大学を出て、２００４年にカゴメに入社しました。大阪支店で営業をした後、転勤で九州に行き顧客の新規開拓に従事しました。具体的にはスーパーのバイヤーに商品を提案したり、メニューをつくって提案したりするという内容です。それまでまったく取引実績のないお客様に飛び込んで、「カゴメの商品を扱ってほしい」という提案をしていました。面白かった経験としては、愛宕神社という受験生が合格祈願で来る神社で野菜ジュースを販売してみようと思い、大晦日に販売をした経験があります。その他にも、「乳酸菌ラブレ」を海外に輸出したりなど、会社で誰もやっていないことをいろいろやっていました。

このような活動が当時の経営陣の目にとまり、２０１１年に東京本社の商品企画部に異動しました。ここで担当したのは「野菜生活」などの商品企画です。パッケージづくりや味づくりなどを行っていました。

その後、カゴメにマーケティング部が創設されメンバーとして入りました。現在は健康事業部で2019年からマネージャーをしてします。

他にも、副業が解禁されたので、カゴメでの経験やノウハウを活かして、新規事業コンサルタントとして、いろんな企業にアドバイスしたりしています。

これからみなさんはおそらくヘルスケア関連やビューティー関連の仕事に就くことが多いと思いますし、事実ヘルスケア産業は伸びています。ですので、大事にしていただきたい考え方についてお話しします。

まず私の学びを2つ紹介します。

1つ目が「野菜飲料」です。当時の野菜ジュースの主要な顧客は40代以上だったのですが、これを20代・30代の男女にも飲んでほしいと思いました。若いときは健康で野菜を摂らなくてもいいと思いがちなので、そういった層がお風呂あがりにごくごく飲める野菜ジュースがあればいいなと思ったのです。実際、他社の「低果汁飲料」が売れていました。普通の野菜ジュースはドロドロしていますが、食物繊維を取り除いてゴクゴク飲めるものをつくりました。

事前の市場調査やグループ調査、アンケート調査の評は高く、大手スーパーのバイヤーからも「売れるだろう」ということで一斉に取り扱っていただきました。

ところが、結果は、発売当初こそ売れたものの、勢いがつかず、終売となりました。当時の気づきとしては、最初の調査で「おいしいから飲む」と答えた人が、月1回なのか年に1回なのかという頻度まで調査していなかったことです。

もう１つは「ｅラーニング」です。「食生活はこういうバランスをとったらいいじゃないか」とか「野菜から先に食べよう」といったことについて、キャラクターの動画で学べるｅラーニング「カゴメ健康サポートｅラーニング」を考えました。食生活改善に悩む企業の従業員向けの需要が高いということで１０００万円近くのコストを投資してシステムや動画コンテンツをつくりました。

商談では「キャラクターがしゃべるなんて面白いんじゃない」と導入してくれる会社は数社あったのですが、これも今年６月に終売となりました。１人あたり１ヶ月の利用料金を１０００円とったのですが、実はすでにYouTubeなどで健康リテラシーを高めるコンテンツは安く手に入る状況にあり、年間で10社ぐらいしか契約がとれなかったのです。

ただ、この１０００万円という投資は決して無駄ではなかったと思います。健康に対する関心というニーズはあったのだから、１人１０００円で月３本しか動画を観れないサービスではなく、サブスクリプションビジネスのようなかたちでやるべきだったのではないかと思っています。

このような経験もありながら、現在成功を収めているのが２０１９年にからレンタルを開始した「ベジチェック」です。飲料メーカーであるカゴメが機器（デバイス）のレンタル事業を手がけるのは初めてで、まったく知見がない中でチャレンジしています。

この機械のどこが優れているかというと、ＬＥＤを当てて皮膚の中に蓄積されているトマトの赤のリコピンとか、ニンジンのベータカロテン橙色などの色素の量を測ります。たとえば、摂取された野菜が消化されて皮膚に蓄積されるまで約1ヶ月かかります。したがって、今日測ったのは1ヶ月前の食事の成績ということであり、「野菜が足りていない！　でも俺、健康だし」で止まっていると、実は危ないということです。このベジチェックを使って、みなさんに普段の食事を見直していただきたいという思いがあります。

なぜ野菜を摂らなくてはならないか。野菜が不足すると本当に大変なことになります。厚生労働省が1日３５０グラム野菜を摂ろうと言っているのは、それが生命の維持に必要な栄養源だからです。ビタミン・ミネラル・カリウム・カルシウムとか、体の調子を整えたり、維持したりするために必要な栄養素を摂らないといけないからです。

野菜を３５０グラム摂らないと、疾病につながりやすく、癌になりやすいということがわかっています。野菜に含まれる成分には免疫機能、風邪をひきにくいとか、花粉症予防とかの効果も言われていますが、そういったものがいろいろあります。

あとは血圧です。20代は血圧が高いことを気にしたことがないと思いますが、30代・40代となるうちにだんだん血圧が高くなっていきます。

私自身の体験をいうと、20代・30代は野菜をたくさん食べませんでした。それどころか月曜日から金曜日まで毎日飲み会で帰宅は翌日。食事はファストフード中心と不健康極まりない生活を送っていたのです。一方、マラソンが趣味で月1回ハーフマラソンを走っていたので、健康診断もオールＡで健康には自信を持っていました。

ところが、35歳のときに参加したマラソン大会でゴールした瞬間にバタンと倒れてしまいました。医師がＡＥＤをかけてくれたのですが、1回目では心臓が動かず、2回目でようやく蘇生しました。その間、5分間心肺停止状態でした。

医師の診断結果は突発性不整脈ということでした。普段は体の支障を感じていなくても、野菜やフルーツを食べていなければ、ビタミン・ミネラルが不足して体に無茶があるということです。たとえば、口内炎が月1回定期的にできるとか、睡眠中にいきなり足がつるということがあるとしたら、体が異常を示すサインなので、普段の食生活を見直していただきたいと思います。

実はビタミン・ミネラルの補給源に関しても、ビタミンＢ群は肉系が多いんです。野菜ではなかなかビタミンＢを摂れないんです。ただ、他の栄養素は野菜がグラムあたりで摂れる栄養素の量は多いんですね。したがって、肉ばかり食べていると栄養バランスが崩れてしまいます。

さらに、野菜が不足すると、老化につながります。「ベジチェック」ではカロテノイドを測るのですが、これは野菜の色素です。野菜の色素とは抗酸化物質、つまり体が酸化することに抵抗する物質です。

日々の生活で、飲酒・喫煙・ストレスを与えると酸化してしまいます。体がサビついてしまいます。さっきのベジチェック値も、たとえば飲酒したり、タバコを吸う、紫外線をよく浴びるなど、人体に負担をかける人は低くなることがあります。つまり体にストレスを与えると身体が酸化し、サビついてしまいます。

老化とは「酸化」です。したがって、野菜をしっかり摂ることが重要です。つまり、カロテノイドなど酸化に抗うものをしっかり摂ることが大事です。とくに40代とか50代の方には、野菜の重要性をしっかり伝えていきたいです。

■カゴメについて

ここからカゴメの紹介をします。創業以来１２０年以上にわたって、野菜に関するビジネスを手がけてきました。事業構成比では約40%を野菜飲料が占めています。とくに「野菜生活」は１９９４年の発売でカゴメの長い歴史の中ではまだ20年程度ですが、大きな売り上げを占めています。飲料以外は、ケチャップやソースなどの食品のほか、レストランなどに業務用の冷凍野菜を卸したりしています。

そのほか、新規事業として農事業があり、生鮮トマトやベビーリーフなどのトマトの苗とか土を販売しています。また、国際事業として、アメリカのピザチェーンにトマトソースを供給しています。

私の所属する健康事業部は成長している新規事業なのですが、会社全体の売上１８００億円に占める割合はまだ約2億円程度にすぎません。将来的には30億円に伸ばしたいと思っています。

カゴメは１２０年以上にわたって野菜ビジネスに取り組んでいるため、日本の緑黄色野菜消費量の17．3％、野菜消費量（淡色野菜＋緑黄色野菜）の４．４％を供給しています。

カゴメの創業の地は愛知県で、創業者の蟹江太郎は農家出身です。最初はトマトをはじめとする西洋の生鮮野菜の栽培に着手したのですが、当時は西洋料理の文化が少なく、トマトはまずいということで、いろんな野菜をつくったのですが、トマトが一番売れ残ってしまい「このトマト、どうしようか？」ということで、トマトソースにして売り始めたのが現在のビジネスの発端です。「カゴメ」という社名も、トマトを収穫するのに使う篭の目に由来します。最初は生鮮のトマトを売ろうとしたのですが、売れなくてトマトを使ったソースやケチャップ、ジュースをつくるようになりました。

これからみなさんはいろんな会社に就職活動をされると思います。もちろんいきなり独立起業する方もいるかもしれませんが、大抵の方は一度会社に所属すると思います。就職活動する際に大事にしていただきたいのは、自分が受けようとしている会社がどのような企業理念やブランドステートメントを持っているかについて、最低限チェックするということです。そうでないと、「希望の会社に就職したけれど、社風が合わなくてすぐに辞めた」ということになり、自分にとっても、会社にとっても時間の無駄になってしまいます。

たとえば、美容業界では「earth」という会社が多店舗展開をしています。そこに就職したいと思ったら、まずearthのホームページをチェックしますよね。社長が何を語っているか、その会社を誰が支えているか、株主構成がどうなっているかなどがわかります。それらを見ないで面接を受けたり、エントリーシートを書くから、苦労するわけです。

私は面接官をやることがありますが、熱のこもったエントリーシート、よく調べているエントリーシートはわかりやすいし、会社のことを勉強して入りたいということが面接ですぐわかります。そこをしっかりと見ていただければと思います。

少し話が脱線しましたが、ここでお伝えしたいのは、どの企業にも必ず考え方や文化があります。カゴメでいえば、創業以来ずっと農産物を扱っているので、自然へ感謝し、その自然の恵みをおいしく楽しく消費者に伝えていくことを大事にしています。

実はカゴメは、農から販売まで手がける世界でもユニークな会社です。原料を別の会社から買ったり、販売を別の会社に任せるなど、部分部分でやっている会社は数多くありますが、カゴメは種から育てて、製品を自社工場でつくって、それを自社の営業が販売するという、バリューチェーンを全部やっているユニークな会社です。

したがって、入社するといろんな部署を2年に1回ぐらい異動するので飽きません。いろんな部署の仕事をしていると面白くて、まだまだやれることがあるということになるので、みなさんがこれからどこかの会社に入って「これやりたかったことと違うのに」とか「俺、こんなことしたいためにここ入ったわけじゃないのに」みたいな思うことがたくさんあると思います。

でも、それは会社のあくまでも一部なので、もう少し視野を広げてみれば、今の現場経験が必ず自分のやりたいことにつながっていくことがわかります。

私は最初、大阪支店のスーパーまわりでした。「入社したらすぐヒット商品をつくりたい！」と思って入ったのに、スーパーの売り場担当者に頭を下げる毎日でした。「もう辞めようかな」と思ったことも一度ではありませんでしたが、今思い出すと、あの日々が今の仕事につながっていることに気がつきます。だいぶ話が脱線していますが、社会人として私が気づいたものを今お伝えしておくことがすごく大事かなと思ってお話させていただきました。

■カゴメの理念

カゴメの会社としてのありたい姿とは、「食を通じて社会課題の解決に取り組み、持続的に成長できる企業になる」というものです。これからの時代は20年前と比べて、「自分のために」および「会社のために」に加えて、「社会のために」がすごく求められるようになります。つまり、「社会とどうつながっていくか」を大事に考えていただきたいと思います。

たとえば、環境を汚染していても自社の利益につながればいいと思う会社は、これからの時代ではもう支持されません。おそらく淘汰されていくでしょう。そういった観点から、社会に対して何が貢献できるかを考えていく。

カゴメであれば、やはり野菜を扱っているので、健康寿命の延伸や農業振興・地方創生があります。現在、耕作放棄地や農家後継社者不足などの問題がありますが、そういった農地や農家に対して、野菜ジュースの製造で使う原料を育てていただくといった活動を行っています。あとは食料問題があります。現在、運送費や物流費、人件費などの高騰で、食品の原材料が非常に上がっています。これは今後も止まらないと思います。野菜ジュースを1本100円で飲める時代はあとわずかです。そのときどうしたらいいのかを我々メーカーが考えていかなければいけないと思っています。まず野菜を国内で育てるのも1つの方法ですし、他には地球環境に優しいビーガンプラントフードなど植物性原材料へのシフトもあります。ご興味があれば、弊社や他の食品メーカーのホームページをチェックして取り組みを調べてみてください。

ここではあえて会社名を出していません。なぜかというと、みなさんはおそらく美容技術として手に職をつけて、ビジネスの世界に入られると思いますが、素晴らしいことだと思います。しかし、だからこそ、他の業界のこともちゃんと知っておく必要があるのです。

美容業界のことだけ知っていても、社会は美容業界だけで回っているわけではありません。食品業界あるいは金融業界はどのように動いているのか、今どういうことに関心があって、どういうところにお金や人が集まっているのか。それを知った上で「僕は美容業界で生きていくんだ」「私はこういう世の中の流れを踏まえて、美容業界でこういうことがやりたい」という意志があればいいと思っています。

あとは社会のトレンドです。現在は女性活躍推進と言われていますが、カゴメも特に管理職以上で男性が多い会社でした。そこで２０４０年ごろまでに女性の管理職を50%以上にしようとしています。ちなみに先月まで私の上司は女性初の役員でした。

これもみなさんのビジネスにつながります。なぜかというと、女性がいろんな企業で重要なポジションに就いたり、社会に出てくると、そこに新たなビジネスがたくさん生まれます。そのような社会の動きを敏感に捉えて、ビジネスを提案する。たとえば、私もカゴメで女性が大勢働くだろうと思い、忙しくて料理の時間がない女性向けに家で簡単につくれるミールキットを提案したり、女性向けの健康セミナーを実施したりしています。

あと「健康寿命の延伸」は、いろんな商品でやっています。私自身は持っていませんが、カゴメには管理栄養士資格を持った社員が約80名います。彼らを講師として企業や自治体の住民に派遣する事業を行っています。

こういったセミナーであったり、ベジチェックも1日のイベントで3万円、1カ月では10万円をとっているのですが、企業にしてみたら1日3万円を払ってでも、このベジチェックを体験して、社員の食生活を改善したいという思いがあるんです。この機械を世に出さなければ、そういうニーズを拾うことができませんでした。実際、ベジチェックは毎日いろんな企業や自治体から問い合わせがきて、営業が追いつかないぐらいです。

なぜこのような売上をつくることができたのかというと、野菜が「足りている」「足りていない」は、今まで見える化できていなかったからです。なんとなく「昨日鍋を食べたから野菜は足りているだろう」とか「昨日は牛丼しか食べていないから野菜が足りていないだろうな」と感覚的だったのですが、その「なんとなく」が一番怖いわけです。

私も「自分は健康だ」となんとなく思っていたのですが、35歳のときにいきなりバタッときたわけです。その「なんとなく」を数値でチェックしようとしたのが、この「ベジチェック」です。なので「これ面白い！」となり、ニーズが生まれたということです。

そのほかにも、アプリをやっています。みなさんもスマホに健康アプリを入れているかもしれませんが、カゴメもつくっています。

あとは、先ほど「企業は社会との関わりが大事」と言いました。現在は、1社でできることは限られており、カゴメも「野菜」という自社の強みを使って、いろんな企業とコラボレーションしています。たとえば、ウォルト・ディズニーと一緒にメニュー開発をしてお子さんに野菜を好きになってもらうとか、星野リゾートとコラボして宿泊客に野菜スムージーをお出しして旅先でも健康になっていただくとか、いろんな企業とコラボレーションしています。

今までのカゴメは、いいトマトジュースやケチャップを安く売っていれば売上げを確保できたのですが、これからの時代は世の中にいいことをしようと思ったら、パートナーが必要になります。

たとえば、earthに入って、その店舗で売り上げを上げたいとなったら、同じ商圏の異業種と組んでいくことが大事です。たとえばカーブスと組んでアンチエイジングプログラムをつくるといったことが必要になってきます。そこで大事な考え方が「大きな視点で見る」ということです。

あと、新規事業として長野県に「野菜生活ファーム富士見」というテーマパークをつくりました。これからの食品メーカーはモノだけつくって売っていればいいわけではなく、体験をしていただくことが大切です。別にカゴメのジュースを飲んでもらわなくても、「野菜自体を好きになってもらえればいい」というのが狙いです。こういったテーマパークをやっています。

それからSDGsに関しては、どの業界も避けて通ることはできません。今まで食品メーカーは大量生産でやってきたので、在庫や廃棄が多かったのです。しかし、もうそんな時代ではありません。たとえば、賞味期限の表示方法を変えただけでも、しっかりと販売していただくことができます。容器に関してもなるべくプラスチックを使わずに再生可能な原料を使っていく。このような活動をやっています。

あとは、植物性素材が注目されています。モスバーガーのハンバーガーを食べたことがあるかもしれませんが、大豆ミートを肉の代替にしようという動きがあります。家畜のゲップから発生するCO_2による温暖化はインパクトが大きく、そこに対して大豆などの植物性素材をお肉の代わりにすることに取りくんでいます。

あとは「ステークホルダーとの取り組み」ということで、誰がこの会社を支えてくれているのかは大事です。直接お金を払ってくださるお客様はもちろん大事ですが、「直接お金を払ってくれているわけではないけれど、会社を支えてくれる人たち」について考えることも大事です。

カゴメの場合、自治体と協定を結んでいます。これはつまり、社会から必要とされていることの証です。

あとは株主です。カゴメは個人株主の割合がすごく多く、一般の生活者が持っている株式の割合が99．５％を占めています。つまり、カゴメを支えてくれているのは一般消費者の方々ということです。こんな会社は珍しいです。

あと、食育の話もあります。１９７2年から「カゴメ劇場」というものをずっとやっており、これまで３６４万人が行っています。こういう活動を無料でやっているほか、小学校に苗を配って収穫してもらう活動もやっています。よく「ＣＳＲ」と言われますが、売上げと利益を追う活動ではなく、野菜を好きになってもらうための活動をやっています。

あと、これは新規事業ですが、保育園をつくり、「ベジ・キッズ」という保育園事業もやっています。まだ1園だけですが、ここで子供が野菜を好きになるノウハウを使って事業にしていくことを進めています。

このように、カゴメがテーマパークをつくるとか、保育園事業を始めるとか、電子機器を扱うといった新規事業は、私が入社した当時はまったく想像できませんでしたが、今や当たり前の時代になっています。

みなさんの関心事に近い美容につながる野菜の話を2つだけ持ってきました。世の中には「これを食べたらすごく綺麗になれる」といった情報があふれていますが、それに振り回されてほしくないんです。

たとえば、「これを1杯飲んだだけで5キロ痩せる」みたいな動画広告がYouTubeなどであふれていますが、きちんとしたエビデンスがあるのかという視点をお伝えしたいと思います。今日はカゴメが研究して、持っているエビデンス2つだけご紹介します。

まず美容においては、紫外線を浴びると肌を痛めるとよく言われます。肌の中に活性酸素が生まれてしまい、それが日焼けやシミ・シワみたいになっていく。それを守るためにメラニンが生成されて。普通はそれが代謝される。ターンオーバーされて一緒に剥がれていくんですけれど、それがどうしてもうまく排出できなければシミ・シワとして残っていくということがわかっています。

ここに対して、たとえばトマトのリコピン、真っ赤な色を使って試験をやりました。トマトジュースを飲んでいる人がどうなったかという試験をやったのですが、やはり肌の明るさが回復したという結果があります。

日焼けによって暗くなった肌の色の回復を早める効果があるということがわかっています。したがって、なんとなくトマトは美肌にいいんだよということではなく、こういうしっかりした情報を知っていて、来店するお客さんに勧める私も美容室に行って店員さんと話すときによく聞きます。相手が結構話しかけてくる場合は「体にいいジュースは何ですか?」とか聞くんです。そのときの回答の質とかレベルによって、「この美容室はもう行かないことにしよう」とか「この人は指名しない」みたいなのがやっぱりあるんです。適当なことを言っているわけではなく、「肌とか髪にいいのこういうものですよ」「こういう食べ物ですよ」「実はこういうのがあって…」みたいなこともしっかり話せる人は信頼されますよね。

もう1個がニンジンです。さっきのカロテノイドの一種ですけれど、このベータカロテン、シミ。実は表面に出ているシミよりも隠れジミも結構怖くて、その中にあるシミに対してどういう悪影響を及ぼすかということを実験しました。

結論だけ言いますと、ニンジンが入っているジュースを飲んでいると隠れジミを減らすことができるという研究結果が出ましたので、こういうことも知っているといいでしょう。

こういう研究結果はネットで調べれば出てきます。同じネットで調べても噂レベルの情報を使うのではなく、しっかりした研究機関やメーカーが実験して出している情報を信頼して使っていただきたいと思います。

ここまでカゴメの取り組みについてお話しました。

健康サービスの取り組みに関しては、野菜不足の状況がずっと続いています。みなさんも、小さい頃から親に「野菜を食べろ!」とか「野菜が大事だ」と言われていると思いますが、それだけ言われていても実情はこれです。

先ほど1日３５０グラムと言いましたが、ずっと目標量を達成しなくて1日約60グラム不足しています。これが１００日とか1年間積み重なると、必要な栄養素が摂れていない状態、つまり体が順調に機能しないリスクがあるということになります。

これに対して、カゴメは野菜に関しては美肌などのエビデンスを持っていて、「ヤバいよ」と思っています。

そこで健康サービスを立ち上げました。その思いは、もちろん野菜を摂ってもらって、長生きしてほしいというのがあるのですが、私自身が一度5分だけ死んだ体験をしており、そういった予期せぬ突発的な事故を防ぎたいのです。私はたまたま奇跡的に生き返りましたが、こういう活動を通じてみなさまの食生活を見直していただくことをやっています
カゴメはセミナーが一番わかりやすいですよね。「野菜大事ですよ」とか「食生活見直しましょう」と管理栄養士が言ってビジネスにする。あとベジチェク。「野菜を摂らないと！」と思ったときに、自分の立ち位置がわからないよというときの機械として「ベジチェク」を生み出しました。あとは毎日それを続けるために野菜ジュースをお届けするとか、アプリで管理するみたいな新ビジネスも生まれています。

たとえば、セミナーではいろんなテーマを増やしています。今、自治体では「フレイル」とか「減塩」といったテーマを増やしています。あと、どうしてもライブでは実施が難しい場合

は、オンラインで全国をつないで開催しています。今はテレワークで自宅での仕事も多くなったため、ご自宅に届けるサービスもやっています。

このように、いろんなサービスを生み出してきましたが、最近は向こうから「協業したい」という声がかかるようになりました。先ほどの美容室とカーブスでプログラムをつくるみたいな話がバンバン来ています。また、健康ビジネスをやっているさまざまな会社から「このベジチェックを使って、プログラムを組みたい」という提案がきます。お伝えしたかったのは、新規事業を生んだら次の新規事業の種がどんどん舞い込んでくるということです。

あとは学生との取り組みを少し共有させていただきます。大阪の大学と「食と健康プロジェクト」をやっています。やっぱり若い方は「自分は健康だ」と過信しがちで野菜を食べないんです。この方たちをどう動かすかという難題を学生と一緒にプロジェクトとしてやっています。いろんな企画を進めながら、「若者が野菜を摂るようにするにはどうしたらいいのだろう?」というようなことに今取り組んでいます。もちろん食堂のメニューを野菜をたっぷり摂れるものに変えたりしています。あとは大学生の大きなイベント、人生のイベントはやっぱり社会との接触の手前なんですよ。もちろん就職活動もそうだし、社会人と接する機会が高校のときに比べて圧倒的に増えましたよね。多分2年後3年後はもっと増えてきます。増えてくるってどういうことかというと、みなさんがこの1年2年でどれだけしっかり成長したかというのを見られているわけです。なので無駄な時間は一切ないと言ってもちょっと辛いかもしれないですけれど。もちろん時には気晴らしで旅行に行ってもいいのですが、大学１年２年は社会とつながるための勉強期間です。そこで大学のときに何かやったみたいなことをしっかりと残していけばいいかなと思っています。

このときは「大学生は就活で疲れているよね」とか「慣れないリクルートスーツと靴を身に着けて、足をすり減らしているじゃん」ということで、野菜ジュースに絆創膏をつけた企画を学生が自ら考えました。学生が考えて自分で手貼りして１００円で販売したのですが、これを見た関西の大学及び大学をプロモーションしている会社から声がかかりました。「野菜ジュースに絆創膏をつけて就活生応援」ってめちゃくちゃいい企画じゃん！」って。「これちょっと横展開できない？」みたいな。こういうことができる時代になっています。

あとは本をつくったり。メーカーが代理店に頼んで本をつくると、どうしても代理店はメーカーから仕事をもらいたいから、商品を売るためのストーリーになってしまうのですが、純粋に学生のみなさんが考えると、キャラクターが出てきたりする面白い本がつくれます。

あとはメニューコンテストをやっています。これはもう定例の行事になりました。単純に「野菜食べろ！」というだけのアプローチではなく、みなさんが自らいろんな事業になる種をつくっています。

我々の時代と違って、みなさんにはクラウドファンディングなどのいろんな手法があります。そういう時代だから、将来独立したいという思いがあるのなら、学生時代からいろいろチャレンジしてみていいんじゃないかと思っています。手軽なことでいけばYouTubeやインスタグラム、TikTokでおもしろ動画をつくって、バズればお金になります。食パンに絵を描いて企業案件バンバンくるとかめちゃくちゃ羨ましいですよね。

一方的にしゃべられて辛かったと思います。めちゃくちゃ話が脱線するし。「でもすげぇリアルなこと言っているんじゃない？　この人」みたいに思っていただいたのであれば光栄です。単純にカゴメのサービスの生み方の話だったら今日はもったいないと思いました。企業が学生に求めることとか、企業に入ってみなさんに身につけておいていただきたいことをお話させていただきました。

最後はワークをしていただきます。お題は「野菜を使った、こんな健康・美容サービスがあったらいいな」。みなさんが考える「こんなのあったらめちゃくちゃ使うのに！」というものを考えてほしいと思っております。

よく「これだけ食べれば1日分の野菜３５０グラムを摂れる完全食をつくる」みたいな発表をしてくることがあるのですが、みなさんに大事にしていただきたいのは「それは誰に向けてなのですか？」です。まずターゲットをちゃんと設定してください。そのターゲットが抱えている悩みですよね。

実際、先ほどの完全食を食べたいのは、ずっと席に張り付いていて忙しくて食べる時間がないシステムエンジニアなどターゲットです。でも本当にそのターゲットが完全食をほしがっているのかどうかまで考えないといけません。ターゲットが抱えている悩みをちゃんと浮き彫りにしてから、「こんなサービスがあったらいいな」というのを考えていただきます。

第２節　オムロン ヘルスケア株式会社《健康管理》

企業名	社長名前	従業員数（連結）	連結売上規模（億円）	事業の特徴
オムロン ヘルスケア株式会社	岡田 歩	３８００人	１４２１億円（２０２３年３月期／連結）	家庭用健康医療機器およびサービスの開発・製造・販売

和田：みなさん、こんにちは。オムロン ヘルスケアの和田と申します。まずは、自己紹介をさせていただきます。私は京都で生まれ、中学校から大学までハンドボールをやってきました。そして、オムロンヘルスケアに入社し、営業部に配属されました。２０２１年までは東京と福岡で営業を経験し、２０２２年から広報部に配属され今に至ります。

本日はオムロングループとオムロン ヘルスケアが取り組む「女性の健康」についてお話しします。

■オムロンの歴史

オムロンは、１９３３年にレントゲン写真撮影用タイマを製造する「立石電機製作所」として創業しました。ヘルスケア事業がスタートしたのは１９６１年。オムロンのセンシング技術を活用し、人体を工学的に捉えた独自の「健康工学」を提唱し、健康管理と病気診断についての基礎的な測定の研究を始めました。１９７３年に家庭向けに血圧計を発売し、１９８３年には電子体温計「けんおんくん」を開発しました。生活習慣病患者の増加が世界中で社会的課題となる中、お客様のニーズに合った商品をグローバルに提供する会社として、２００３年にオムロンから分社し、オムロン ヘルスケア株式会社が設立されました。

現在、オムロングループは約3万人、オムロンヘルスケアは約４０００人の社員が世界中で活躍しています。オムロンは京都発祥ですが、日本人よりも海外の社員が多い企業です。こうした背景もあり２０１２年からダイバーシティ推進を掲げ、ＬＧＢＴや高齢者の活躍、女性のさらなる活躍をテーマに継続した取り組みをしています。

オムロンは「われわれの働きで われわれの生活を向上し よりよい社会を作りましょう」という企業理念の実践を通じて、社会的課題の解決を目指しています。そのためには、一緒に働く人財がとても重要で、その人財がやる気に満ち溢れて、ポテンシャルを発揮することが大切です。経営の基盤となる社員一人ひとりの健康が最も重要な要素であるとして、オムロングは、２０１７年に「健康経営宣言」を制定しました。健康経営の主な取り組みのひとつに健康増進を応援するための具体的な指標として運動、睡眠、メンタルヘルス、食事、禁煙を「Boost 5」として定めています。それにより、オムロンは「健康経営銘柄」に5年連続で選定され、オムロンヘルスケアは健康経営優良法人に7年連続で認定されています。この評価は、従業員の健康を大切に考えて実践している企業としての証です。

■オムロン ヘルスケアが取り組む「女性の健康」について

女性の社会活躍が期待される中、ライフスタイルの変化やストレスにより女性ホルモンのバランスが乱れ、女性特有の健康課題が増えています。これを解決するために、オムロンヘルスケアでは、２００９年から女性社員が自主的に集まり「オムロン式美人」プロジェクトを立ち上げ、女性のココロとカラダの健康をサポートするためにウェブサイトやＳＮＳで情報発信をしています。

みなさん、低周波治療器は知っていますか？　皮膚表面に周波数１２００Hz以下の微弱な電流を流して、その刺激により痛みの緩和や筋肉のコリをやわらげるものです。テレビのリモコンのようにゴツゴツしていて、機能重視でいかにも男性が好きそうなデザインだったのを、「女性の不調を解消する商品はなんだろう」ということを、ゼロベースからニーズを発掘して、「オムロン式美人ＰＪから、「女性が使いやすい」商品が誕生しました。

オムロン式美人の活動を10年以上行ってきてこれまでにわかったことは「現代の女性は社会での役割がとても多様化している」ということ、かつ「すごく頑張りすぎている」ということです。

会社では、部下を持つ上司や管理職でいる一方、家庭に戻ればパートナーの食事を用意し、子供がいれば育児もしないといけない。さらに、親が高齢であれば介護もしなければいけないなど、女性が担う仕事が多いです。そのような忙しい毎日をちょっとしたカラダの不調をたくさん抱えながら日々忙しく過ごしているという方がとても多いです。また、上司が男性の場合は、ＰＭＳでつらい時になかなか言えなかったり、理解してもらえなかったりすることもあります。「みんなが頑張っているのに、私だけ休んだら迷惑がかかる」と思い、休めないという声もあります。女性が抱えているちょっとした不調に何があるかを詳しく調べてみると、１人当たりおおよそ８種類ほどの不調を抱えています。具体的には肩こり、むくみ、目の疲れ、冷え、だるさ、月経の悩み、肌荒れなどが様々です。またストレスが原因で起こる不調が多いのです。

■女性のカラダにまつわるクイズ①

ここでクイズです。昔と比べて今は環境がかなり良くなり、月経の回数は増えています。現在の女性の月経の回数は４００～５００回といわれていますが、昔の女性の月経回数は何回だったでしょうか。３つの選択肢を出すので、正解と思ったものに手を挙げてください。昔の女性の月経の回数は30回だと思う人。次は50回だと思う人。次は２００回だと思う人。正解は50回です。意外に少ないと思われたかもしれません。なぜかと言うと、女性のカラダの発育状態が昔に比べて良くなり、初経を迎える年齢が早くなっています。もう1つが女性の社会進出で晩婚化に伴い晩産化も増えているので、子供を産む回数が圧倒的に減っています。昔は4人兄弟が珍しくありませんでしたが、今では1人か2人、多くても3人です。そういうこともあって月経の回数は増えています。ただ、閉経は生物学的には変化がなく、だいたい50.5歳ぐらいで閉経を迎えます。

現代の働く女性は、昔に比べて月経の回数が増えていることで、カラダの負担が増えていることがわかります。

■現代社会の女性の健康と未来が危ない

ライフステージごとに見てみると、思春期では無理なダイエット、「痩せたい」「モデルさんみたいに綺麗になりたい」という願望があり痩せすぎ栄養不足になる。青年期には働く女性の栄養と睡眠と運動の3つが大きく不足していることが顕在化しています。栄養不足の状態で子供を産むとなると、子供に栄養がいかず、10人に1人は低体重出生児が生まれてくるといわれています。さらに子供にも高血圧症や肥満・糖尿病などの生活習慣病にかかってしまうリスクが上がってしまうのです。さらに女性が50代以降になってくると、寝たきりや骨粗しょう症や栄養不足になるリスクも高まります。

■女性の身体にまつわるクイズ②

ここでクイズです。「ゴールデンタイム」って聞いたことがありますか？　成長ホルモンが最も分泌される時間帯のことです。「22時から2時がゴールデンタイム」ということが世の中でよく言われていますが、それは本当か嘘か。本当だと思う人は手を挙げてください。では嘘だと思う人は手を挙げてください。正解は実は嘘です。ゴールデンタイムは、寝入りばなの3時間に成長ホルモンが一番分泌されます。体内時計が作り出す24時間でいうと、体温のリズムは「おはよう」と朝に起きて、みんなが授業などの活動をし、夕方にかけてどんどん下がっていって、上がっていくというのが1日のサイクルです。成長ホルモンもそれに合わせて、夜になって眠りが深くなっていくと、グンと上がっていく。なぜならこのメラトニンという眠りのリズムを調整するところが暗くなっていくと上がっていくので、それに伴ってここでの成長ホルモンの分泌が増えていきます。このようなメカニズムを覚えておくと今後の睡眠に役立つかもしれません。

■女性の生涯の健康課題

思春期、性成熟期、更年期、老年期という生涯の変化にあわせて健康課題は変化していきます。ここでは、伝えたいことが3つあります。①健康課題はライフステージにより変化する。②未病の状態は個人差が大きい。③生活環境の影響を受ける。

3つ目の生活環境に影響ですが、今は東京に住んでいるけど、就職してから遠方地に行くことになるなど慣れない環境で体調を崩しがちです。この解決には自分自身でコンロールすることがカギになります。「そのためには何が必要か？」と言うと、「ヘルスリテラシー」が大事になってきます。「なぜ、ヘルスリテラシーが大事なのか？」というと、働く女性の健康増進調査2018を見ると、ヘルスリテラシーが低いと仕事のパフォーマンスも低いという相関性があることがわかります。さらに、女性の健康に関するヘルステラシーが高いことで、女性特有の症状があった時に対処できる割合が高いです。今は「女性」をフォーカスして話していますが、男性も含めて女性の健康に関する知識を知ることがとても大事になります。パートナーがいる男性の場合、「パートナーがこの日は不機嫌になるな」と気づくこともあると思います。なぜそうなるのか、女性の不調のメカニズムを知ることで、コミュニケーションの取り方が変わってくるのです。

■女性のカラダにまつわるクイズ③

女性ホルモンの生涯の分泌量はどれぐらいだと思いますか？　選択肢は1つ目ティースプーン1杯分、2つ目はティーカップ1杯分、3つ目はバスタブいっぱい分。

正解は「ティースプーン1杯」分です。「少ない」と思われたかもしれませんが、本当にびっくりするぐらい少ないです。女性ホルモンとはどういうものかと言うと、エストロゲンとプロゲステロンの2種類があり、女性の体の1ヶ月のリズムを作ります。そして妊娠・出産も助けてくれます。エストロゲンは女性らしい体を作るもので、骨を丈夫にし肌をしなやかに保つ。もう1つのプロゲステロンは妊娠を維持するためのもので、子宮内膜を厚くするために食欲増進やむくみやすくなります。

■食事で女性ホルモンを活性化

女性ホルモンは、食事で活性化することができます。大豆製品、発酵食品、補腎食品、たんぱく質などいろいろありますが、世界で一番優秀といわれる発酵食品は納豆で、抗酸化作用や腸内環境を整えてくれます。免疫細胞のだいたい7割が腸で作られているので、こういった納豆を中心に発酵食品を食べる習慣をつけてほしいと思います。

もう1つは組み合わせです。ただ単に「納豆だけ食べればいい」という極端なことをするのではなく、しっかり組み合わせることが大切です。あとは組み合わせとか調理方法にもポイントがあります。たとえばビタミンA。肌や髪の毛を丈夫にするには、ビタミンEと脂質をプラス。きんぴらごぼうやカボチャと一緒に食べると効果的です。このような食べ合わせのレシピをWEBサイトで紹介しているのでよかったら見てください。食べるにしても、ただ口の中に入れるだけではなく、賢く食べることをおすすめします。

■女性のカラダにまつわるクイズ④

「生理は毎月自動的に子宮内膜がはがれるもの」○か×か。正解は×です。生理は脳からの指令でホルモンが分泌されて起こるものです。

月経は一定の周期で反復する子宮内膜からの出血のことで、実は一番始めに脳の視床下部から脳下垂体へホルモン分泌の指令を出します。そして、脳下垂体から卵巣に指令を出し、子宮内膜が厚くなり、受精卵の着床の準備を整えます。受精卵子宮内膜に着床しなければ、子宮内膜がはがれて血液とともに体外に排出されます。

視床下部は、自律神経の中枢で、代謝、食、性のはたらきなど、生命機能に大きく関わっている器官です。そのため、心身のストレスによって自律神経の働きが乱れると、月経のリズムも影響を受けやすくなります。

■女性の身体にまつわるクイズ⑤

「月経痛は必ずあるものでしょうか？」○か×か。正解は×。本来はないものです。月経痛は赤ちゃんのためのベッド＝子宮内膜が子宮から剥がれるときの痛みです。子宮を収縮させ、はがれ落ちた子宮内膜を血液とともに「経血」として体の外に押し出す働きをする「プロスタグランジン」が生成されます。この生成が多いと下腹部や腰の痛みにつながります。痛みが激しい場合は「月経困難症」といわれています。月経困難症は2つタイプがあります。1つ目は、病気が原因ではない「機能性月経困難症」。２つ目は、病気が原因で起こる「器質性月経困難症」です。「痛いから放っておこう」ではなく、我慢できない痛みがあれば婦人科を受診してください。

■女性のカラダにまつわるクイズ⑥

「生理があれば必ず排卵しているでしょうか？」○か×か。正解は×。生理があっても排卵しないことがあります。将来子供を産みたいと思って「いざ」となったときに、「あれ、私は排卵していない」と気づいたりすることもあるので、普段から知ることが大切です。

　排卵の有無は基礎体温でわかります。

■基礎体温の測定のメリット

　基礎体温は36℃前後で、低温期が続いたあとに高温期に変わります。これが排卵したことによるもので、この体温が下がった後に次の月経が始まる仕組みになっています。基礎体温をグラフにすると「二相性」になります。低温期はだいたい36．0℃から36．2℃、高温期はそこから０．３から０．５℃高いところになります。実際に測ってみると、なかなか綺麗には出ません。一度、最低３ヶ月測ってみると良いでしょう。継続することで、婦人科での問診にも役立ちます。

また、基礎体温を測ることで「自分が今、月経の周期のどこにいるか」がわかります。次の生理がいつ頃なのかがわかります。さらに、ホルモン異常などのトラブルが起っていないかということもわかります。高温期の基礎体温が全体的に低かったり、期間が短かったりする場合は、プロゲステロンの動きが悪いということで、不妊症の可能性が。また、低温期しかない場合は、無排卵周期症かもしれません。基礎体温を測っていれば、トラブルを見つけるきっかけにもなります。疑わしい場合は、できるだけ早く婦人科を受診しましょう。

基礎体温を測ることで自分の状態をよく理解できます。

■最後に

会社の紹介からはじまり、女性のカラダに関する知識をお話ししました。オムロン ヘルスケアは、ライフステージごとの女性特有の不調を解消し、何歳であっても健康でイキイキと社会で活躍する女性達を増やしたいと考えています。そのために、自分のカラダのリズムがわかる基礎体温測定の大切さや女性特有のカラダの仕組み、セルフケアを学ぶ機会として「働く女性のヘルスケアセミナー」を開催しています。

第3節　株式会社ビューティガレージ《卸売業》

企業名	社長名前	従業員数（連結）	連結売上規模（億円）	事業の特徴
株式会社ビューティガレージ	野村秀輝	３７５人	２３４億円（２０２２年４月）	理美容機器や業務用化粧品の通販最大手。フルラインでニーズ対応。シンガポール・台湾にアジア拠点

鈴木：ビューティガレージの鈴木と申します。現在、マーケティング担当の執行役員をしています。本日は、これから何らかのかたちで美容業界に関わっていくみなさんに、美容業界における商材の流通のしくみや、その中で「ビューティガレージ」という会社がどのようにビジネスを行っているかについてお話しさせていただきます。

■卸売業とは

ビューティガレージは企業の区分でいうと「卸売業」になりますが、卸売業についてはご存知でしょうか。

身の周りにある卸というと、魚や肉、野菜などの食料品が一番ポピュラーかと思いますが、どの業界にも卸売業者は存在します。

一方で「小売業者」というと、もう少し身近なのではないかと思います。たとえばスーパーやコンビニ、デパート、ショッピングセンターが小売業者になります。

野菜や果物、肉・魚、牛乳やヨーグルト、チーズなどの加工食品を最終的に購入するのは一般の消費者です。だからスーパーは小売業者になります。

流通の仕組みを「従来型」と「デジタル型」に分けてみましょう。従来型は今でも普通に行われているやり方です。たとえば野菜であれば、まず生産者、つまり畑で野菜をつくる人がいます。次にそれが消費者の食卓に届くまでの間に、生産者から商品を仕入れる卸業者がいます。さらに卸業者が小売業者に卸し、最終的に小売業者が消費者に販売するわけです。最近は生産者が消費者に直接販売する産直野菜のようなものも出てきましたが、食品であっても、生産者と消費者の間に卸売業者・小売業者が入っているのが一般的です。

小売業者は、多様な商品を消費者に届けるために複数の卸業者から商品を仕入れています。消費者が卸業者と直接取引することはせず、小売業者がみなさんの食卓にふさわしい食品を取捨選択して、最適なバランスで店に並べてくれるから、消費者はいろんな食べ物をすぐに手に入れることができるわけです。必要なものが必要な量だけ、近所のスーパーなどの調整をしているのが小売業者と考えていただくとわかりやすいと思います。

次に卸業者にはどんな種類があるのか。東証プライム市場に上場している企業の中で、卸売業の一例を挙げると、食品の他に医薬品や衣料品、海外家具、医療機器、防犯システム、太陽光発電システムなどを卸売業者として扱っている企業があります。これらの企業は、消費者に直接売っているのではなく、小売店に販売しています。

■販売方式の多様化

ここで販売方式の多様化について触れます。従来のビジネスでよく使われている言葉として、「Ｂ２Ｃ」と「Ｂ２Ｂ」があります。

「Ｂ２Ｃ」とはBusiness to Consumerの略で、企業が一般消費者向けにモノやサービスを提供するビジネスのことです。コンビニやスーパーが典型例ですし、化粧品を売っているドラッグストアなども一般的にはＢ２Ｃビジネスと言われます。

一方、「Ｂ２Ｂ」とはBusiness to Businessの略で、企業間取引、すなわち企業が企業に向けてモノやサービスを提供するビジネスのことです

それ以外に最近よく聞くのが「Ｄ２Ｃ」です。これはDirect to Consumerの略で、その名のとおり流通業者を介さずに自社商品を自社チャネルだけで消費者にダイレクトに販売するビジネスです。要はインターネットの時代になって、誰でも簡単にモノやサービスを販売するビジネスを立ち上げることができるようになってしまったわけです。流通業者や小売業者がいなくても、たとえば自分でつくったアクセサリーをインターネット上のショップを自分で立ち上げ

て不特定多数の人に販売することができるようになりました。これも立派なＤ２Ｃで、みなさんもやろうと思えば、すぐに立ち上げられます。まさにインターネットというテクノロジーが登場したことによって、急速に伸びている販売方式であると言えます。

それ以外にも、「Ｃ２Ｃ」、Consumer to Consumerという概念があります。これはメルカリとかヤフオクなどのサービス、すなわち消費者間取引のことです。消費者から消費者へモノが流れていき、モノとお金のやりとりができるビジネスです。

従来は先に挙げた２つの販売方式しかなかったのですが、テクノロジーの登場によって、後者の新たな２つの販売方式が現れたということが言えます。

つまり、野菜の流通に例えると、スマホがあれば生産者から消費者までダイレクトにお届けすることができるのがＤ２Ｃです。生産者が小売業者としての役割も簡単に担えてしまうということです。

■美容業界の流通

では、ここまでのお話を踏まえて、美容業界はどうなっているのか。美容業界だけの話ではありませんが、古くから流通の仕組みができ上がってしまっている業界は、インターネットの時代だから卸売業や小売業者は要らないということにはなっていません。

美容業界の卸業者の多くは「ディーラー」と呼ばれている企業です。

老舗の美容ディーラーもeコマース用のネットショップを立ち上げていますが、多くのディーラーはまだルート営業がメインです。営業マンが車で自分の担当するエリアにあるサロンを一軒一軒回り、「足りていない商材はないですか？」とか「新商品が出ました」と営業をかけていきます。大体1つのヘアサロンに2〜3社の美容ディーラーが出入りしているのが一般的です。

私たちビューティガレージは、最初からルート営業をやらずに、いきなりインターネットで始まったので、美容業界では特殊と言えます。もっとも、弊社に似たビジネスモデルで事業をやっている事業者も最近増えています。

美容業界のB2Bビジネスは、美容商材メーカー、問屋、美容ディーラー、サロンから成り立っています。最近は以前ほどではなくなりましたが、メーカーから問屋にモノが入り、ディーラーに入って、また違うディーラーに入って、やっと美容室に届くような複層的な流通が昔から当たり前に行われてきた業界です。

ディーラーが取り扱っている商品は、施術用から物販用まで多岐にわたります。セット椅子、シャンプー台、エステベッド、パーマ機のような機器から、フェイスシートや用品系、小物、エステでいうショーツやベッドシーツ、カラー剤など。業務用の商材もあります。ドライヤーやシャンプー、化粧品など、お客様に販売する商材もあります。

今、お話ししたことですが、美容業界の流通はメーカーから問屋やディーラーに入ることが一般的です。そこからディーラーの営業マンがクルマでサロンを営業して回って商品を売り、そしてサロンに届ける。サロンはその商品を買い、一部を店販して消費者に売るという流れです。

たとえば1つのカラー剤がサロンに届くまで、シャンプーが消費者に届くまで、多くの中間業者が入って、当然ですが各社が利益を取るわけです。1つの美容室にディーラーが2～3社来ていて、でもある特定のブランドはそのうち1社のディーラーからしか買えないという場合に、価格は言い値になってしまうというのが、美容業界の一般的な流通だと思ってください。

■美容業界流通の問題点

美容業界における流通の特徴とは、昔からメーカーとディーラーがすごく強固な連携をしている点です。メーカーは商品の開発に専念し、ディーラーは販売や教育に専念することで、二人三脚でサロンにモノを販売していきます。その教育という部分が、商材を売るだけではなく、その商品の使い方を非常に大事にしているので、長い間メーカーと二人三脚で美容サロンを支えてきたわけですが、実際にはそれは寡占化につながっていきました。特定の領域を少数の者だけで独占することを「寡占」と呼びますが、寡占化して何が起こるかというと、売る側に圧倒的に有利になっていきます。商品の選択肢、価格、情報などが完全に売る側に有利になって、買い手は言われたとおりの値段で買い、言われたとおりの商品を買い、聞いたとおりの情報を得るようになっていきます。

みなさんはインターネットがない時代を想像できないかもしれませんが、ついこの間まで今のように簡単に情報を誰もが取ることができず、価格もわかりませんでした。するとどうなるかというと、今でもこういう状況はまだ残っていると思いますが、新しい流通の構造が生まれなくなります。

■ビューティガレージの流通

ビューティガレージが登場して、「寡占化した業界の流通に、ＩＴで革命を起こした」とよく言われ、「ルールブレーカー」という言われ方をずっとされてきたのですが、要は寡占化しているほうが売る側にとっては有利なわけです。お客様は高く買ってくれるし、他から買わないでいてくれるし、自分たちの言うことだけを聞いてくれるわけですから。

しかし、インターネットで情報がすべて明らかになってしまったら、情報を自分で取れるし、価格ももっと安く仕入れられるし、選択肢もたくさん広がるということで。インターネットの流通で、情報とかモノをみなさんに開放したというのはすごく斬新でした。

みなさんはネットショップを毎日のようにたくさん使っていると思いますが、Ｂ２Ｂの美容業界でインターネットで販売するということを、他社はなかなかできませんでした。

なぜできなかったかというと、一番よく言われているのが「一物多価」、要はディーラーが顧客によってモノの値段を変えていたからです。大手のサロンにはすごく安く売るけれども、

1店舗しかない顧客には定価で売るみたいなことをずっとやっていたので、インターネットではなかなか売れなかったんです、価格を公表することができなかったという事情がありました。それをビューティガレージはワンプライス、つまり顧客によって値段を変えないということで最初からやってきました。

ビューティガレージの流通は、メーカーから仕入れることもあれば、自社で企画したセット椅子やシャンプー台、エステベッド、ベッドシーツなどの小物を海外の工場でつくらせて仕入れて、直接サロンにお届けする場合もあります。

うちはメーカーであり、IT美容ディーラーであるというわけですが、自社企画の商品を下請工場で製造するか、もしくはメーカーから直接仕入れて、インターネットをメインにルート営業なしでサロンに販売するということで、大幅なコストカットを実現したわけです。ルート営業はどうしても営業マンの人件費がかかってしまうので、ネットのほうがはるかにコストが安く抑えられます。

■ビューティガレージの会社概要

ここからはビューティガレージのPRになってしまいますが、従業員は今500人くらいです。北海道から福岡まで営業拠点が全国に9カ所、その他に海外にもあります。その他に物流センターが千葉県の柏市と兵庫県の尼崎市にあります。現在は東証プライム市場にいます。設立が２００３年なので、今年で20年目をもうすぐ迎えます。

　当社の事業モデルは、今お話ししたようにビューティサロン向けにＩＴとリアルを融合させ、「美容商材ＢｔｏＢ卸事業」、それから「店舗設計事業」「開業・経営ソリューション事業」を行っています。開業・経営ソリューション事業とは、たとえばお店をオープンするときに物件の仲介業をやっていたり、サロンで施術する際にお客様の顔を切ってしまったなどの事故に備えた保険事業も手がけています。

　企業理念は「美容業界を変える」です。ビューティガレージは既得権益と古い商習慣にしばられて旧態依然とした美容業界を、新しい価値の創出によって変革していくことを志しています。

　当社の事業概要で、圧倒的に大きいのがプロ向けの美容商材の物販事業、それから店舗設計事業、その他周辺ソリューション事業という順番になっています。商材は主にＥＣサイトやショールーム、カタログで販売しています。営業マンも少しいます。主なお客様は、美容室、エステサロン、マッサージサロン、ネイルサロン、まつ毛サロンで、現在の会員顧客は約55万人です。学生のお客様も少しずつ増えています。

　当社の２０２１年売上は約２３０億円でした。創業は２００３年ですが、当時は今のようにスマホはなく、インターネットも常時接続ではありませんでした。アマゾンはすでに日本に上陸していましたが、まだ本とＤＶＤしか売っていなかった時代です。そのような時期に、いきなりインターネットでモノを売り始めたのが当社です。まさにインターネットの普及とともに成長してきた会社ということになります。

２００３年当時は、セット椅子とかシャンプー台は1社が市場の9割以上を占めており、値段もかなり高価でした。

しかも不思議なことに、この業界には中古市場がありませんでした。サロンを開業するには、新品の椅子を１００万円で買う以外に選択肢がなかったのです。

現在のようにインターネットで調べられる時代ではなく、ディーラーから言われた価格で買う以外に選択肢がなかったのです。弊社はそこから少しずつ成長してきました。

スマートフォンは２０１２年頃から少しずつ普及し始めたと言われていますが、オンラインショッピングが一般的になったのは２０１７年頃と、つい最近です。

■当社の強み

当社の強みは、何といってもオンラインショップです。メーカーやブランドで１０００社以上、販売商品数が２２０万点以上、累計会員数が56万５０００口座、うち過去1年以内に買い物をしていただいたアクティブユーザー数は15万人くらいいます。

当社のもう1つの強みは、自社で業界最大規模の物流センターを持っていることで、その日に注文すれば、大抵翌日に届きます。これは美容業界では画期的だと言われています。都心の美容室やサロンであれば、ディーラーのルート営業が回っているので可能かもしれませんが、都心から少し離れた八王子市なら1つのディーラーの訪問は週に一回程度ではないでしょうか。

しかし、当社であれば、前日の夕方5時までにネットで注文すれば、すべて当日出荷するシステムなので、翌日朝には届きます。しかも３０００円以上なら送料が無料です。

もう1つの特徴は、美容サロン専門の店舗設計デザイン部門を持っている点です。一級建築士がいるデザイン部門がグループ会社にあり、サロンの店舗設計を行います。すでに業界最大規模の受託件数があり、かなりノウハウが蓄積されています。特に美容室はシャンプー台があるので水回りの設備がすごく大変なのです。

最後の強みは、開業支援から経営支援までのワンストップサービスです。不動産取引、店舗設計デザイン、集客支援、教育事業などを手がけています。メディアもつくっていますし、保険事業、サロンの営業に欠かせないＰＯＳシステムの構築、クレジットカード事業まで手がけています。

■成長の軌跡

では、当社はここまではどうやって成長してきたのか。２０１０年くらいまで、当社の競合はないに等しい状態でした。

当社の取り扱い商品は、化粧品よりも理美容機器のほうが早く、機器を自社で製造して販売するというＳＰＡ（製造小売業）を立ち上げ、中国や韓国の工場で低価格で製造していました。

しかもそれをインターネットで低価格で販売しているということで、他に競合がいなかったのです。

マーケティングの用語に、「ブルーオーシャン」と「レッドオーシャン」があります。

ブルーオーシャンとは、競合がいない状態です。同じような戦い方をしている競合がおらず、新しい価値をつくることができました。唯一無二の存在になれたわけです。

しかし、今は当社も厳しいビジネス環境にさらされています。成長は続けているものの、当社と同じようなビジネスモデルで参入している会社はたくさんあります。また、アマゾンでも楽天でも、カラー剤などプロ向けの商材が売られています。また、大手美容ディーラーもコロナ禍の中でネットショップを立ち上げており、業界内でも急速にデジタル化が進んでいます。

それから、これはよく言われることですが、化粧品業界でも「商品・サービスのコモディティ化」が進んでいます。要するに誰でも簡単にモノがつくれる時代になってしまったということです。顧客の趣味嗜好に合わせて、誰でもモノを作って売ることができる時代になってしまいました。生産も中国などで誰でも安く、かつ小ロットでつくることができる時代となり、これしか選択肢がないという差別化されたモノをつくるが難しい時代になってきています。

その背景としては、すべてテクノロジーがそれを実現させているわけですが、ＩＴ化によって社会構造や人々の価値観がどんどん変化してきていることもあると思います。

そこへきて２０２０年よりコロナ禍があり、２０２２年はロシアのウクライナ侵攻も始まりました。ウクライナでの戦争が弊社にとって逆風に働いているのは、円安の進行です。弊社は海外からモノを仕入れているので、仕入価格がものすごく上がってしまいました。

そんな状況下で弊社の周りは競合だらけです。競合が多くて厳しい状況をレッドオーシャンと呼びますが、これまでのようにインターネットの普及に比例して売上がどんどん伸びる状況ではだんだんなくなってきていると言えます。

■競合に勝つために必要な考え方

では、競合に勝つために必要な考え方とは何か。「他社との差別化」という視点が非常に重要で、顧客であるサロンが弊社を使うべき理由というものを私たちは一生懸命つくろうとしています。なぜなら1つの同じ商品であればどこで買っても同じだからです。買っていただくためには、弊社で買う理由がなければいけないわけです。それをマーケティング用語で「差別化」と呼びます。具体的に弊社が行っていることをいくつか共有します。

1つ目は、「通販サイトとしての普遍的な価値」です。前述したとおり、夕方5時までの注文であれば当日出荷し、３０００円以上なら送料は無料です。ここは弊社が一番力を入れているところです。

2つ目は、「お客様に満足してもらうために商品ラインナップを強化すること」、および「ベストプライスを追求していく」ことです。今、品切れしている商品も、予約で購入できるようにしています。よく売り切れる前に品切れを演出して、わざとすごく売れているように見せる手法もマーケティングではよく使われています。たとえば、某ファンデーションが「３カ月品切れです」とか。品切れしていると逆に欲しくなりますよね。そういうことをわざと行ったりする業者もありますが、弊社が販売しているものはサロンの業務用なので、品切れを起こしたら顧客が困ってしまいます。そこで予約購入というサービスを行っています。

３つ目は、リピートしていただくために、ＶＩＰ会員制度やポイント制度に力を入れています。年間のお買い上げ額に応じて、翌年の商品価格が割引になったり、ポイントがたくさんついたりするシステムです。それからお買い上げごとに溜まったポイントで購入ができるようにしています。

それから４つ目は、サロンの店販を支援するＥＣプラットフォームを立ち上げました。ＢＡＳＥとかSTORES.jpなど、誰でもネットショップを簡単につくれるサービスがありますが、それの美容室版です。

これも無料で提供していて、サロンが自分で簡単にネットショップをつくれるようにしています。サロンに来たお客様向けに販売するシャンプーなどの店販商材を、店舗に行かなくても、自宅で簡単に購入できるサービスのプラットフォームを弊社が提供しています。

■そのほかに必要な視点「認知獲得」と「ファン化」

このように差別化が重要ですが、お客様に弊社を知ってもらうこともすごく大事です。まだまだ弊社のことを知らないお客様が多いので、私たちは弊社の認知を獲得することと、弊社を好きになってもらうこと、すなわち「認知獲得」と「ファン化」が弊社を選んでいただくために重要な視点だと考えています。この２つを実現するための活動を「マーケティング」とよく呼びますが、両輪で取り組んでいます。

たとえば、認知を獲得するために一番わかりやすいのはWeb広告を出すことです。たとえばグーグルで「セット椅子」と検索したら、多分弊社がトップに表示されます。加えて自然検索でも一番上に出るようにいろんなことをやっています。そのためにはページをつくり込んでいくことがすごく大事です。現在は「検索を制した者が勝つ」時代なので、弊社はすごく力を入れています。

ブログやＳＮＳもやっています。また、サイトも操作性の高さを意識して作り込んでいます。たとえばカラー剤を一括注文できるページをつくったり、商品の紹介を動画で見せたり。現代はスマートフォンの時代なので、誰もが最短距離で目当てのページに到達したいと思っています。商品ブランドのロゴから探せるなど、わかりやすいサイトづくりを重視しています。

それから、当社でしかつくれない商品づくりにもすごく力を入れています。当社で一番人気の「ＲＵＢＩＮＯ（ルビノ）」というシャンプー台は、デザインと価格の両方でとても満足度の高い商品です。セット椅子とか、ネイルチェアでふかふかのソファもすごく人気です。あとエステ機器とか縮毛矯正用ヘアアイロンは開発が大変なので、某国内家電メーカーと共同開発しました。1年くらいの期間をかけて、何回もテストを繰り返して開発しました。これを買うためにはビューティガレージのサイトに来ないといけないという価値をつくってファンになってもらっています。

それから、たとえばメーカーとの協力で、弊社だけで独占販売している商品もあります。アデランスの「エレガンジェット」というドライヤーはYouTubeでもさまざまなプロモーションを仕掛けたりして、エレガンジェットをサロン流通の中で安く仕入れるためにはビューティガレージに来なければいけない理由づけをつくることもやっています。

あと今年は、「ファン化」という視点でブランド広告もスタートしました。「仕入れ上手は、ビューティガレージ。」というキャッチコピーでいろいろな美容師さんに登場してもらっています。まだ始まったばかりですが、買う場所としての「ビューティガレージ」のブランドをきちっとつくりたいと考えて、こういう広告もスタートしています。

当社のサイトに一度アクセスしていただくと、その後、Web広告でたくさん追いかけられると思うので、多分出てくると思います。なぜだろうと思われるかもしれませんが、インスタグラムやTwitterを見ていると、「私、ビューティガレージに追いかけられている」と思われるかもしれませんが、Web広告の仕組みを利用してそういうことをやっています。

これはそのネイリスト版です。キャッチコピーは「だからわたしは、ビューティガレージ。」です。実は当社はネイル商材もたくさん扱っているのですが、認知が低いんです。知名度が高くお客様をたくさん抱えている大手ネイル商社は、インターネットで買うと1万円以上でないと送料が無料になりません。しかし、弊社は３０００円以上お買い上げで無料になるので、すごく使いやすいはずなのですが、そのことをなかなか知っていただけないので、「いろんなネイリストがみんなビューティガレージを使っているんですよ」みたいな広告をやっています。

あとはTwitter、Instagram、YouTubeも頑張ってやっています。当社の公式だけでなく、美容業界のメディアにYouTubeの番組をつくってもらうことを一生懸命やりました。このようにコンテンツをどんどん増やしていくこともすごく大事と考えています。

私の話は以上です。ここから先はグループディスカッションになります。本日はビューティガレージの認知獲得とファン化のために行っていることをお話ししましたが、みなさんにぜひ若い視点で「他にもこんなことをやったらどうですか」を考えていただきたいと思い、今日のテーマ・課題とさせていただきます。

ワークショップ

学生①：僕らのチームでは、美容学生向けにサービスを提供するという案が出ました。そのサービスとは、割引券や学割など若い層をターゲットにするものです。美容師の卵である美容学生が美容師になったとき、ビューティガレージのことを宣伝してもらうというアイデアです。

鈴木：学生さんに安くするというのは確かにありですよね。大手IT企業もそういったことをやっていますね。

学生②：ビューティガレージはFIVEみたいに美容学生が立ち入るようなイメージがなかったので、ビューティガレージを使用して、それをインスタグラムやSNSにタグ付けして載せたらクーポンや商品サンプルがもらえるようにしたらいいと思いました。

鈴木：やっぱりFIVEは人気ですね。そうですよね、よく言われます。

学生③：私たちのグループでは、サイトを企業用と個人用に分けるという案が出ました。ビューティガレージのパンフレットには「プロ専用の美容商材通販サイト」と書いてありますが、このキャッチコピーでは個人が手を出しづらいと思うので、「サロンの商品が買える」みたいなキャッチコピーで個人用のサイトをつくれば、美容に興味がある人は買いたい人が絶対いると思うし、もっと人気が出るんじゃないかなと思いました。

個人向けサイトを立ち上げたら、インフルエンサーをモデルとして起用すればいいと思います。あるいはインフルエンサーとコラボして商品をつくったり、インスタグラムやTikTokで宣伝してもらえば、もっとファンが増え、認知度も上がるのではないかと思います。

学生④：私たちの班はビューティガレージが山野短期大学と提携して、学生と商品コラボをつくるという案が出ました。最新の流行をつくったり、過去に流行ったものをもう一回流行らせたりするためにＳＮＳを使うのは若い層の人が多いので、ビューティガレージの認知を獲得するためには若い層にフォーカスを当てることが重要ではないかと考えました。

まず学生と商品コラボをつくることで、きっと山野短期大学のプロジェクトに関わった学生たちがＳＮＳやTikTokなどを通して告知を出すと思うので、美容学生や美容に興味がある人、それ以外の不特定多数の人たちにビューティガレージを知ってもらえるということと、最近は学生で起業したり、学生で何かしていることに対して注目が上がることが多いので、学生とコラボして商品をつくったということで注目度が上がるのではないかと考えます。

あとは、オープンキャンパスに来た高校生にプレゼントするとか、紹介をしたりすることで若い世代へアプローチもできるし、山野短期大学は美容コースとエステのコースと、あとネイルの授業もあるので、幅広い商品とコラボすることができて、山野短期大学とビューティガレージ両方の認知度アップを図ることができると思います。

第4節　インフォーマ マーケッツ ジャパン株式会社《メディア》

企業名	社長名前	従業員数（連結）	連結売上規模（億円）	事業の特徴
インフォーマ マーケッツ ジャパン株式会社	クリストファー・イブ	未開示	未開示	トレードショー、国際会議及びセミナーの企画・主催・運営、ウェブサイトの構築、雑誌、その他出版物の発行及び販売

江渕：インフォーママーケッツジャパンの江渕と申します。本日私からはビューティビジネスの全体像についてみなさんにお伝えしたいと考えております。

■あなたのコスメライフは？

まず、みなさんのことをお伺いしたいと思い、質問を5つ用意しました。

1　いつも使っているコスメは？
2　化粧品を選ぶ際に期待していることは？

3　化粧品を選ぶ際に参考にするものは？

4　化粧品を選ぶ際に調べるSNSは？

5　化粧品をどこで購入するか？

ワークショップ

1　「いつも使っているコスメは？」について

学生①：Diorを使っている人もいたし、KATEとかMACとかです。

2　「化粧品を選ぶ際に期待していることは？」について

学生②：化粧品を選ぶときに期待していることはたくさん出たのですが、値段と品質のよさとバリエーションとコスパ、パッケージ、におい、ブラシやパフなどの付属品がついているかどうか。あと発色と成分。

3　「化粧品を選ぶ際に参考にするものは？」について

学生③：化粧品を選ぶ際に参考にするものは、YouTubeのレビュー動画やInstagramとかに載っているレビューです。

4　「化粧品を選ぶ際に調べるSNSは?」について

学生④：調べるSNSは主にInstagramで、あとはTikTokやYouTubeです。

5　「化粧品をどこで購入しますか?」について

学生⑤：ドラッグストアやQoo10とか@コスメなどのネット販売です。

学生⑥：1「いつも使っているコスメは?」の質問でみんなの答えで出ていないものは、化粧水や乳液は無印やマツキヨで売っているようなコスパがいいものが多かったです。

江渕：ありがとうございます。今みなさんに言っていただいたようなことを、つくり手側や売り手側はいろいろ調査しながら、どんなものだったら買ってもらえるだろうか、いろいろ考えをめぐらせながらつくっていったり、売っていくことを考えています。

■Z世代のコスメ事情

江渕：いわゆるZ世代（1990年代後半～2010年に生まれた、現在10代から20代前半の若者。デジタルをうまく使いこなすことから、「デジタルネイティブ」と呼ばれる）のコスメ事情について私どもの9月の展示会の企画で、都内のある大学に同様の調査をしていただいたところ、次のようなことがわかりました。

1　キャンメイク、セザンヌなど1000円以下の比較役安価なコスメが人気。

2　SDGsやサステナブルという「環境」や「ブランド」よりも、「効果」「コスパ」「キレイになれる」といった要素を重視。

3&4　インスタグラムやTikTokなどのSNSやYouTube、家族や友人の口コミなど自分の身近な情報を参考にする。テレビ・雑誌、口コミサイトはほとんど信用していない。超有名よりは無名のユーチューバー情報を参考にする。

5　購入場所はほとんどがドラッグストアやデパート。最近はアマゾンや「Qoo10」も。

これらをよく見ていくと、Z世代は他の世代と比べて、コスメのパッケージはオーガニック系のシンプルなフォルムを好む傾向にあるということや、メイクの仕方についても「イエローベース」や「ブルーベース」など自身のパーソナルカラーや骨格診断をアプリや専門家から聞いて自分に合ったものを探す傾向が強いようです。

そこで、マーケティングの観点から「このZ世代をどのように攻めていくか」を考えていくと、消費者の身近な人たちを1つのグループと捉えてアプローチしていくことを考えたほうがいいのではないか、すなわちサンプル体験で学校や友人などの狭い範囲のコミュニティの中でクチコミを使って情報を拡散していく手法が一番効果的ではないかという方向性を導き出していました。

■日本女性の美容行動とは

「日本女性の美容行動」でよく言われているのは、他の国に比べて「美容感度が高い」という点です。有名ブランドが提供するものはもちろん、一般の化粧品会社が提供するものも、コンビニなどで売られているものも、みな非常に品質レベルが高く、安全性や機能性も優れています。特にスキンケア関連技術はレベルが高いと言われています。実際、世界の化粧品のオリンピックみたいな大会で日本の大手化粧品メーカーが常にトップに入っています。

この理由の1つには、やはり日本の消費者が求める水準が非常に高いということと、化粧品に対して色づかいも含めた細やかな美を求める日本の消費者の特性があると言われています。

この消費者の選択眼が非常に厳しいということは以前からも指摘されています。たとえば、@コスメ創業者の山田メユミさんが必ず言っていたのが「選択軸が多彩」という点です。「買いたい化粧品を、買いたいときに、買いたい流通チャネルで買える」ことがとても顕著だと言っていました。

特にテクスチャー（使い心地）や香り、ルックス、世界観、背景（ストーリー）、素材、作り手など）についてインターネットで事前情報収集を活発に行い、実際に購入するときはリアル店舗で買うことが多いです。

最近でこそネットで購入することも増えてきていますが、それは常に購入しているものの色違いを買うなどのリピート的な購入が多く、新しい化粧品は店舗で実際に使ってみたり、においを嗅いだりして購入するケースが多いです。この数年間のコロナ禍でＥＣでものを売買することが増えましたが、海外の化粧品のＥＣ化率が30％くらいなのに対し、日本は６％台と低いままです。日本では情報収集をオンラインでとことん行い、購入はリアル店舗で行うのが特徴です。

ただ、最近はアマゾンやQoo10などの通販サイトで購入することが増えて、状況は少しずつ変わってきています。特にＺ世代の行動は、おそらくその分岐点になるのではないかという意味で、業界では新しい市場ができつつあるという見方をしており、Ｚ世代に対して、「どんなことをやっているか」「どのようなものを求めているか」といった関心が寄せられています。

日本の場合、購入までの導線も含めて単にその商品価値だけでなく、「体験価値」も提供することが重視されます。それは化粧品の機能や香りではなく、化粧品を使うことによって得られる幸福感や体験を提供することが新しいアプローチとされています。

■展示会

ここで弊社が行っている展示会「Diet & Beauty Fair」の話をします。

この展示会の特徴は「働く女性の美と健康を応援」をここ数年のテーマとして掲げていることです。２０２２年は、「温活・血活・腸活・菌活」「フェムテック・フェムケア」「九州ビューティ」「Ｊウエルネス」「クリスタルアワード」「ジャパンメイドビューティアワード」「グッドフード＆グッドスイーツ」「Well-Beauty Tech」をキーワードにしました。

「フェムテック・フェムケア」という言葉は、近年のトレンドとしてよく耳にされていると思います。「フェムテック」とは「女性の健康問題を解決するテクノロジー」という意味です。最近、百貨店などの期間限定イベントで行われたり、ネットメディアや雑誌の特集で取り上げられるようになりました。言葉自体は２０００年ぐらいからアメリカで登場していましたが、市場として注目されるようになったのはここ数年です。日本は一昨年（２０２１年）が「フェムテック元年」と呼ばれました。

業界内では今のところ、この「フェムテック」「フェムケア」という言葉は曖昧に使われており、「フェムテック」と銘打たれていても必ずしもテクノロジー関連ではなく、「フェムケア」と呼んだほうが適切な商品もあります。現時点は「フェムテック」と「フェムケア」をひとまとめにして、「フェムテック」という言い方で発信されています。これまでタブーというか、あまりおおっぴらにされなかった領域を新たな市場として捉えていることだと思います。

■「Diet & Beauty Fair 2022」にみるトレンド

美容の世界では「体の中からの健康」というキーワードがこの10年ぐらい、傾向としてとても強くなっています。体を暖めるとか、血流をよくするとか、腸内環境が肌にも影響するといったことです。

「菌活」とは、1人ひとりの腸内環境の菌が合う・合わないとか、ヨーグルトが合う・合わないとか、肌にも常在菌があるとか、そんな話がテーマとしてあります。

それから「グッドフード・グッドスイーツ」とは、低糖質とか、ダイエットで炭水化物をとらないとかを謳った商品のことです。

他には、SDGsや自然派を志向した商品の展示が今回は非常に多かったです。それから「Well-Being」や「Wellness」の志向が徐々に高まってきました。あるいは沖縄発や北海道発、九州発といった地方発の化粧品や食品の市場が拡大しつつあります。

■プログラムにみる女性の健康情報トピックス

「糖化」という言葉を聞いたことがあるでしょうか？　スイーツなどをたくさん食べていると体が糖化するという話はよく聞くと思いますが、実際にそういうものばかり食べている人の骨は茶色になるんですね。形成外科の先生に話を聞くと、手術のとき「この人、糖化している」ということがてき面にわかるくらい、色が変わるそうです。肌にもシミやくすみが出てくるなどの変化が体に現れてくる。だから、食べるものにはとても気をつけなければならないということです。

ここで1つ面白い研究をご紹介します。「甘いものは基本的によくない」とよく言われますが、「餡（あん）はどうなんだろう？」と調べた人がいます。餡子は小豆に砂糖を足して加熱してつくります。砂糖を足すわけですから当然糖化しているわけですが、それでも粒餡のほうがコシ餡より抗糖化作用があるということです。粒餡には皮があるので、おそらくそこにポリフェノールがあるのだろうということですが、確かなことはわかっていません。これからいろいろ研究が進むだろうと言われています。

ケーキにしても、イチゴをつけるように、いろんなものを組み合わせて食べることでバランスがとれていく、同じものばかり食べ続けるのは非常によくないという話が話題として出ました。糖化とは、老化に直につながるものだという点を頭の隅に置いていただきたいと思います。

それから「腸の健康」というお話は、テレビでもよく取り上げられているので、みなさんも頭の中に残っていると思います。最近は「腸内細菌叢」と言われていますが、「腸内フローラ」がとても大事です。脳と腸は相関性が非常に強いとか、肌と腸は関係性が強い、腸からいろんな指令が出ているのではないかと言っていいくらい腸が大事だと言われています。

近年、「腸内環境を整える」というアプローチの美容の施術やサプリメントが増えているのはそのためです。腸といろんなものとの関係が徐々にわかってきたということもありますが、今後いろんな報道を見て、みなさんの中で紐づけて考えてみていただけたら幸いです。

今年の展示会に入れたプログラムの中で公衆衛生の専門家がいらっしゃいました。ひところコロナ対策にマスクは意味があるかの議論がありましたが、やはりマスク着用は重要だそうです。口はやはり大事らしいです。口はコロナとの関係性が最も危険な場所なので、予防対策としてうがいが大事だということです。イソジンのようなうがい薬は効果が4時間ぐらいもつらしいですが、普通の水道水でうがいするだけでも30分ぐらいは効果があるそうです。実は歯科クリニックでは、クラスターが発生しませんでした。口という最も危険な場所なのに。それはうがいする回数が多いということが関係するらしいです。コロナ対策の専門家の方々はこの点にあまり触れていないようですが、手洗いとうがいはとても大事のようです。うがいは江戸時代の頃から日本人特有の行動であり、日本人が健康でいられる基であるかもしれないので、みなさんもぜひやってください。

もう1つ、新型コロナウイルスは床にかなり付着するようです。したがって、机の下にいろいろな物が落ちているオフィスは危険であり、整理整頓や掃除が非常に大事だそうです。たとえば、曹洞宗の大本山である永平寺は、何百年間もずっと朝一番で廊下掃除がされるなど、清掃が最も行き届いている場所として知られていますが、過去一度も感染症が発生したことがなく、公衆衛生業界では「永平寺モデル」と言われているようです。ぜひご自宅の部屋の整理整頓をしたり、うがいは欠かさずにしてください。

■フェムケア

近年、女性の更年期障害に「フェムケア」で対応するグッズやサプリメントが出ています。日本で女性の平均寿命が60才以上になったのは１９５０年以降のことで、それ以前は更年期後の人生をどう生きていくかについて考える人はあまりいませんでした。

しかし、「人生１００年時代」を迎え、更年期後の人生がまだ50年あると考えたとき、この後どうやって生きていくかを考える必要が出てきました。なぜなら、更年期になると女性ホルモンなど女性を守るものが一気に減少するらしいです。無防備な状態であと50年生きようと考えたとき、どんなことが必要とされるか。

たとえば、高齢者が大腿骨を骨折して寝たきりになり、それが死因のトップのように言われています。骨折するのはやはり骨が弱くなっているからです。更年期になって閉経以降、とにかく骨が弱くなるわけです。この骨の劣化を防ぐには、10代のときからの運動がとても重要であり、それをいかに蓄積しておくかが大事です。おそらく今後女性が一生を健康で生きていくことを考える際、若い頃からどのようなライフスタイルを過ごすかがとても重要になると思います。

また、日本の女性は冷え性がとても多いと言われますが、これも筋肉量の問題だったりするので、今後おそらく10代から20代の前半ぐらいに「こうしたほうがいいよ」ということが出てくるだろうと思います。

■世界のウエルネス産業

最近「ウエルビーイング」という言葉をよく聞くようになりましたが、「ウエルネス」という言葉を聞いたことはあまりないのではないかと思います。

ウエルネス産業にはさまざまな産業が含まれますが、日本でいう美容・健康産業が大きな部分を占めています。「ウエルネス」という考え方が注目される理由は、それが「スパ」や「温泉」に加えて「ウエルネスツーリズム」「職場のウエルネス」「ウエルネス不動産」「メンタルウエルネス」などの新しい領域が拡大しているからです。

日本では「ウエルネス産業」というカテゴライズはまだ一般的ではありませんが２０２０年の世界のウエルネス産業の市場規模は４．４兆ドルと言われています。これは日本のＧＤＰ並みの大きさであり、将来は7兆ドル、すなわち１００兆円に近づくと言われています。

２０２０年以降の新型コロナウイルス感染拡大を経て、この「ウエルネス産業」という括りが特別なものではなく、日常生活の中で不可欠なものになっていくだろうと言われています。

「免疫意識が高まるようになるだろう」「環境を意識するようになるだろう」「人とのつながりを大事にするようになるだろう」「メンタルヘルスが重視されるようになるだろう」「人間関係

を深く考えたり人生の目的を考えるようになるだろう」といったことが変化として起こり、人々の価値観のリセットが進み始めているということです。そのためにウエルネス産業全体をもっと大きく押し上げようとしているのが現在の世界的なトレンドだと思います。

■国内の健康産業のいま

「ウエルネス産業」には、美容や健康も含まれています。前述した「体の中からの美容」という意味では、「ウエルネスな状態」とは「心も体も健康な状態」ということであり、人々がエステに行ったり、化粧品を購入したりするのも、「体の中から」というところに根づいています。「心身が健康な状態であることが幸福感につながっていく」という考え方になっていくのが全体の流れとなっています。

■人口ピラミッドにみる生産年齢人口の減少

日本の人口ピラミッドは、２００５年から２０２０年にかけて、底辺の若年層がだんだん細くなってきました。これが２０６０年になるともっと細くなり、反対に上部の高齢者の層が厚くなっていきます。

ただし、日本の問題は高齢者が増えていくことではなく、15歳から64歳の「生産年齢人口」、すなわち働く人たちの数が減っていることです。働く人が減っているのに高齢者だけが増え、全体の人口も減っているのです。

２００５年、２０２０年、２０６０年の３つの人口ピラミッドを重ねてみると、２００５年には約４０００万人いた「生産年齢人口」女性が２０６０年には２０００万人台と半減します。これは何を意味するかというと、「生産年齢人口」と呼ばれている女性はイコール「美容人口」でもあり、化粧品を購入したり、エステに通ったりする人たちなのですが、この人たちが半減してしまうということです。

２０６０年とは随分先のことと思われるかもしれませんが、これから美容関係の仕事に就きたい人たちに考えていただきたいのは、メインターゲットである顧客が今から40年後には半分になっているかもしれず、そのとき「どんな美容の提供の仕方があるんだろう？」ということです。

考え方として、男性や高齢者を狙うというものがあります。あるいは若年層向けもあるかもしれません。そして、最も考えなくてはならないのは、海外の顧客です。実際、美容業界がここ数年行ってきたのは、海外市場に出ていくか、インバウンド客（訪日外国人）を狙うことでした。

コロナ前の２０１９年は、中国からのインバウンド客が平均で６～７万円ぐらい美容商品を買っていたと思います。彼らは日本の美容健康商材に興味があり、日本側も国内市場の頭打ちをインバウンド需要で補っていたのが実状だと思います。

それから1つの救いは、前述した「フェムケア・フェムテック」市場ができつつあるということです。これまでまったく手づかずの市場なので、日本全体の人数は減っていっても、「フェムケア・フェムテック」という新しい切り口の美容消費は拡大するかもしれません。

■日本の課題① 健康「生活習慣病」「若年女性不健康状態」

これから美容業界に進む方々は、自分自身のこととして、これらの仕事に就く際には「どのようなサービスを提供していくべきか」ということを考えることが必要です。

日本の課題は、まず健康面においては「生活習慣病」と「若年女性の不健康状態」です。

後者については、「女性の痩せすぎ」問題が顕著です。横軸に1人当たりGDP、縦軸に痩せすぎ女性の比率をとった「やせ過ぎ女性比率の国際比較」のグラフを見ると、右側に先進国、左側に開発途上国が集まる反比例曲線となります。そして、日本はこの曲線から飛び出ており、痩せすぎが突出しています。つまり、低栄養であることが大きな問題になっています。

三菱地所が行った「まるのうち保健室」というプロジェクトの調査でも、日本女性の「栄養」「睡眠」「運動」不足が顕著になっています。若いときに不健康な状態だと、結婚・出産・育児をする時期に、果たして元気な状態で生活できるのかという不安があります。さらに更年期に入ると、骨がボロボロになるという状況もあり得ます。ですから、若いときに健康状態を回復していただきたいということを強く言いたいです。

健康食品市場の推移を例にみると、1988年ぐらいから市場規模が拡大しています。現在は健康食品や化粧品、エステが人気ですが、初めからそうだったわけではありません。戦後間もないころは、誰もが生きていくのがやっとで、健康や美容への関心は二の次でした。それが1990年頃から皆が豊かになり、美容商品や健康商品が売れるようになり、2000年代初頭がピークとなりました。以後はリーマン・ショック（2008年）や東日本大震災（2011年）などを経て、市場規模は上下しながら現在に至っています。

ただ、前述した生産年齢人口の縮小があるため、健康食品市場全体としては横ばいか下降気味です。他の産業と同様です。それを補う唯一の手段として、インバウンド需要でなんとか市場規模を維持していたのが2019年ぐらいまでのことです。

■課題②　観光面「数字に翻弄されたインバウンド」

もう1つの課題「観光面」については、2019年まではかなりインバウンドに振り回されたのではないかと私は思っています。アジア5カ国およびアメリカが日本の直近10年間のインバウンド市場を支えてきたと言われています。トレンドとしては、団体旅行から個人旅行へのシフト、都市やゴールデンルートから地方へのシフト、初訪日からリピーターへのシフト、リピーター増加による個人消費へのシフトなどです。

先日（2022年10月）、岸田総理が「インバウンド消費5兆円」という目標を立てました。

ポイントは以前のような団体旅行ではなく、個別化や高品質化、滞在メニューによって単価を上げる戦略へのシフトです。例えば、お金をたくさん落としてくれる富裕層の人たちを呼んで長く滞在してもらったほうがいいのではないかということです。そして、これは観光業界だけでなく、美容・健康産業もそこにどう入り込んでいくかを考えることが大事になります。日本滞在期間中に美容・健康サービスをいかに提供するか。満足してもらって帰国後も日本の美容・健康商材を購入してもらうとか、また日本に来てもらうようにするとか、そのような努力が必要になっていくだろうと思います。

■国内のウエルネスの潮流と取り組み

国内では、1人の人が生きていくために必要なサービスが色々連携して、1人の人にとって最適な健康・美容を提供することがトレンドになっています。職場でも「健康経営」とか、職場環境の変化、「サードプレイス」と呼ばれる地方に自分の身の置き場をつくるという動きがだんだん出てきています。

この職場環境の改善については、おそらく今後ものすごく活発にいろんなビジネスが生まれてくるだろうと考えられます。たとえば、地方との関係、自宅との関係とかが活性化してくるのではないかと考えます。

2023年に「アマン」というラグジュアリーなリゾートホテルグループが虎ノ門に新しい

ホテル「ジャヌ東京」と「アマンレジデンス東京」をつくり、そこで都心での新しいウエルネスの姿、美容・健康のライフスタイルが提案されるでしょう。

それから、２０２２年に4月に淡路島にオープンした座禅リトリート「禅坊 靖寧」では、静寂の中で心と体を癒すマインドフルネス体験ができるようになっています。こういうものが今後も出てくると予想されます。

これからのお金の使い方として、美容整形をやったり、機能性がものすごく高い化粧品を買ったりするのとは別に、「心を癒す」とか「自分と向き合う」ことへの消費が最近は顕著となっています。ウエルネスへの大きな流れができあがりつつあることだと思います。

これは日比谷公園の中の写真ですが、向こうにビルがある手前の公園の森でヨガをやっています。このように都会の中の自然を活用しながら五感を刺激したりすることがものすごく最近注目され始めています。

山形県の庄内平野では、水田の中にホテルがつくられました。若い世代にはピンとこないかもしれませんが、私の世代にとって水田の景色は懐かしいものです。おそらく我々の世代が懐かしいと感じるものを、若い世代が新しい価値として認めていく動きが出てくるのではないでしょうか。実際、若い人たちも結構泊まりに行っており、一番人気は水田に向かった部屋らしいです。このようなおもてなしとか、人とのつながり、生きがいと、養生というようなことがベースにあるのではないかと思います。

これは昔の伝統的な習慣みたいなものが今の暮らしに結構生きてきていることがあって。そういうものがこれからの日本のいろんなサービスに生きてくるのではないか、海外の人たちもそういうところを魅力と感じるのではないかということです。

最近話題になったのは山梨県の小菅村です。地域再生として、古民家を改造してホテルにしました。「人口７００人の小さな村のおもてなし」。これが1泊1人3万円くらいで2人で行くと6万円を超えるのですが、成功しています。

当初、宿泊客はダブルインカムの裕福な家族をイメージしていたらしいですが、実際は若い人が多いということです。1泊だけではなく2泊泊まったり。先ほどの水田の中のホテルもそうですが、こういうものを求める層が出てきているという感じがします。したがって、今後の美容サービス・健康サービスにおいても、提供する側の想いが受け取る側の心に触れるようなところに何かヒントがあるのかもしれません。

いわゆるZ世代の方々は、我々が想像する行動とはまた違うチョイスをしてくると思います。おそらくお金の使い方も、モノではなく、自分を癒すことに使う傾向が強くなるかもしれません。量から質へ、いろんなことが変わり始めているということです。

本日は、ＳＤＧsとかWell-Being、自然志向などが世界のウエルネスのメガトレンドであるというお話をしました。国の施策も、インバウンド消費強化、ＤＸ、ＧＸの強化という方向に向かっていますヘルスケア市場のニーズも、昔は「安心」「安全」で十分だったのが、美容・健康ニーズへの高まりで機能を重視するようになりました。機能性を重視すると裏づけ（エビデンス）が必要となり、そこから先は満足感のような精神的価値が求められるようになりました。商品・サービスの背景やストーリーがないと、イメージを膨らましていただけない。顧客視点で「お客様にどれだけ寄り添っていけるか」という方向に向かっています。

このような流れとみなさんは無関係ではありません。このような流れの中でみなさんは勉強し、卒業後に就職したり独立したりしていくわけです。

逗子に私の知人の美容サロンがあるのですが、その人が十数年ぐらい前から「自分のサロンは予防とか、そういうことを提供する。未病のところにサービスを提供するような地域に暮らす人の健康まで受け持つ美容サロンになるんだ」と言っていました。

いろんな試みをして、この10年間もヘアサービスだけでなく、スパをやったり加圧トレーニングをやったり、健康や栄養について伝えたり、それこそいろんなサービスを提供しています。最近は鍼灸院を隣につくって、美容サロンと鍼灸院セットでの形を展開しています。

おそらくこの人も世の中の流れや国の施策に影響を受けながら自分のビジネスをつくりあげているのだと思います。

「未来を洞察する」ことで、これから伸びるビジネス、逆にこれから縮むビジネスが見えてくると思います。これは独立したい人だけでなく、会社に入る人であっても、そういう視点をもって未来の自分の仕事を見ていくことが大事なのだろうと思います。

第4章

ビューティービジネス創出

第1節　ビューティービジネス歴史（前編）

1．フレグランス（香水）

ビューティー産業は、歴史的に見るとフレグランス（香水）の登場で幕を開けています。[1] ヨーロッパの人々は長らく黒死病（ペスト）の流行により、衛生対策として、洗濯の際、水を使うことを嫌がったので、香水が洗浄剤として使われるようになりました。生産者は、魔女と思しき人だったり、科学者、薬剤師、職人だったりしました。17世紀になると、ヨーロッパでは香りを楽しむ趣向品として香水の取引が大いに発達しました。１８０４年のナポレオンが皇帝に即位し、条例によって、国内で販売される香水製品は成分を明記することが義務付けられましたが、医療用を除いて、製造業者の大半は成分を明らかにしたくなかったので、国内から締め出され、「衛生」と「香水」の領域に分かれていくことになります。その後、流行や社会ステータスと結びついて、ターゲットが上流階級から中流階級まで広がり産業革命等にあわせ、さまざまな起業家により、また大移動の時代により、香水市場は世界各地に広がることになりました。

日本での「香り」は、5世紀の飛鳥奈良時代の仏教伝来と共に香木が中国から伝わったと言わ

1　ジェフリー・ジョーンズ著、江夏健一・山中祥弘監訳、ハリウッド大学院大学ビューティービジネス研究所訳（２０１１）『ビューティビジネス―「美」のイメージが市場をつくる』中央経済社、14ページ

れています。しかし当時は宗教色の強いものでした。8世紀の平安時代になると、宗教とは切り離された趣味として薫物が全盛期となり香りの文化が花開きました。端午の節句の贈答に使われたり、魔よけに使われたりし、[2]香り袋の原形となるものも生まれ、その後、発展していきました。10世紀初頭に書かれた日本最古の長編小説「源氏物語」では、季節の花の香りや、衣類に焚き染めた香など、物語の進行の大事な小道具として登場しています。香木で一番有名なのは、奈良県の東大寺正倉院「蘭奢待《らんじゃたい》」で、歴代の天皇や将軍たちは手柄のあった者に対し、この香木を切り取って与えたことから、この香木をもつことが権力者にとってのステータスとなり、やがて「蘭奢待を持つ者＝天下人」であるという伝説までうまれます。つまり貴重な香りは権力の証明であり、鎌倉時代以降は、宋との貿易を通じて一気に香木の輸入量が増え、武家にとって香木が大事なものになり、競って求められました。必要とする人がいるので当然ビジネスになりますが、日本では生産されず主に輸入などを行う商人が取り扱っていました。14世紀後半の室町時代になると京都の銀閣を作った八代将軍足利義政は、香を芸道としての体系作りをし「香道」の祖となりました。香りを専門に扱うビジネスもうまれ、今の日本香堂等[3]の線香・焼香ビジネスへとつながっていきます。今ではフレグランスの取り扱いもありますが、日本では残念ながら宗教色の強

2　https://www.yamadamatsu.co.jp/material/history.html
3　https://www.nipponkodo.co.jp/

い線香・焼香・香木ビジネスから脱皮できず主に線香と類似する業界にとどまり、香水（フレグレンス）への発展はできませんでした。これには幾つかの理由があり、日本人が海外の人に比べ、体臭がでやすい肉食ではなくコメ食であったため匂いを付ける必要がなかった説や、匂いを付けている人＝空気を読めない人等の同調圧力も強かった説、香水よりお風呂が好き説もあり、香水（フレグランス）の日本での消費量は増えていきませんでした[4]。しかし、近年は、柔軟剤やカラー材等で匂いが付くものも多く、無臭であることより、少し匂いが付いているほうが好まれるように移行しています。また西洋化もすすみ肉の消費量も増えていますので体臭を気にする人も増え、フレグランス（香水）の消費量の増加も期待されています。これらは、分かれた「衛生」と「香水」の再統合とも捉えることができます。他方最近では、「香害」という言葉もうまれ、化粧品や香水、合成洗剤、柔軟仕上げ剤などに含まれる合成香料（化学物質）の匂いによって、不快感や健康への影響が生じることをさし、近年の残香性の高い製品の普及により、特に柔軟仕上げ剤の匂いに反応しているケースが多くなっています。

4　クーリエ・ジャポン「世界的ブランドが次々と敗れ去っていく日本は「香水砂漠」だった！」https://courrier.jp/news/archives/102767/

2. 毛染め

今日、最も重要なビューティー関連ビジネスは、毛髪を健やかにし、清潔にし、髪色を変えるための事業となります。染める文化は、紀元前３５００年の頬や唇を彩色するための化粧品が古代エジプトの遺物として発見されており、すでにその頃には、エジプト人は爪、掌、足の裏とともに髪をヘナ（ヘンナ）で赤橙色に染めていました。また、アッシリア人は、ヘナで髪や眉を染めていましたし、動植物・鉱物から作られた白髪染めを使用していたという記録も残っています。古代ギリシャでは、男女ともに金髪が嗜好されました。紀元前にはローマ皇帝ジュリアス・シーザーが北欧系婦人を捕虜としてローマに連れ帰って以来、古代ローマの貴婦人達は、金髪に強く憧れ、自分達の茶色の髪を金髪にするために大変な努力を重ねていたそうです。当時は灰分（アルカリ）と太陽光によって金髪を得ていたようで、同時に髪をひどく傷めました。中世には、キリスト教が染毛だけでなく、化粧全般を不道徳なものとしたため、千年間の長きにわたって、染毛は排斥され続けました。[5] ルネッサンス後期の16世紀の終わり頃、ベニスで再び金髪がブームとなりましたが、その方法は、やはりアルカリで洗った髪を太陽光に数時間もさらし続けて脱色するものでした。17世紀に入ると、イギリスのエリザベス一世が赤毛であり、その赤毛を強調するようなファッションが流行となったことも影響して、かつらや染毛剤が市民権を得るようにな

5　https://www.jhcia.org/information/3_history.html

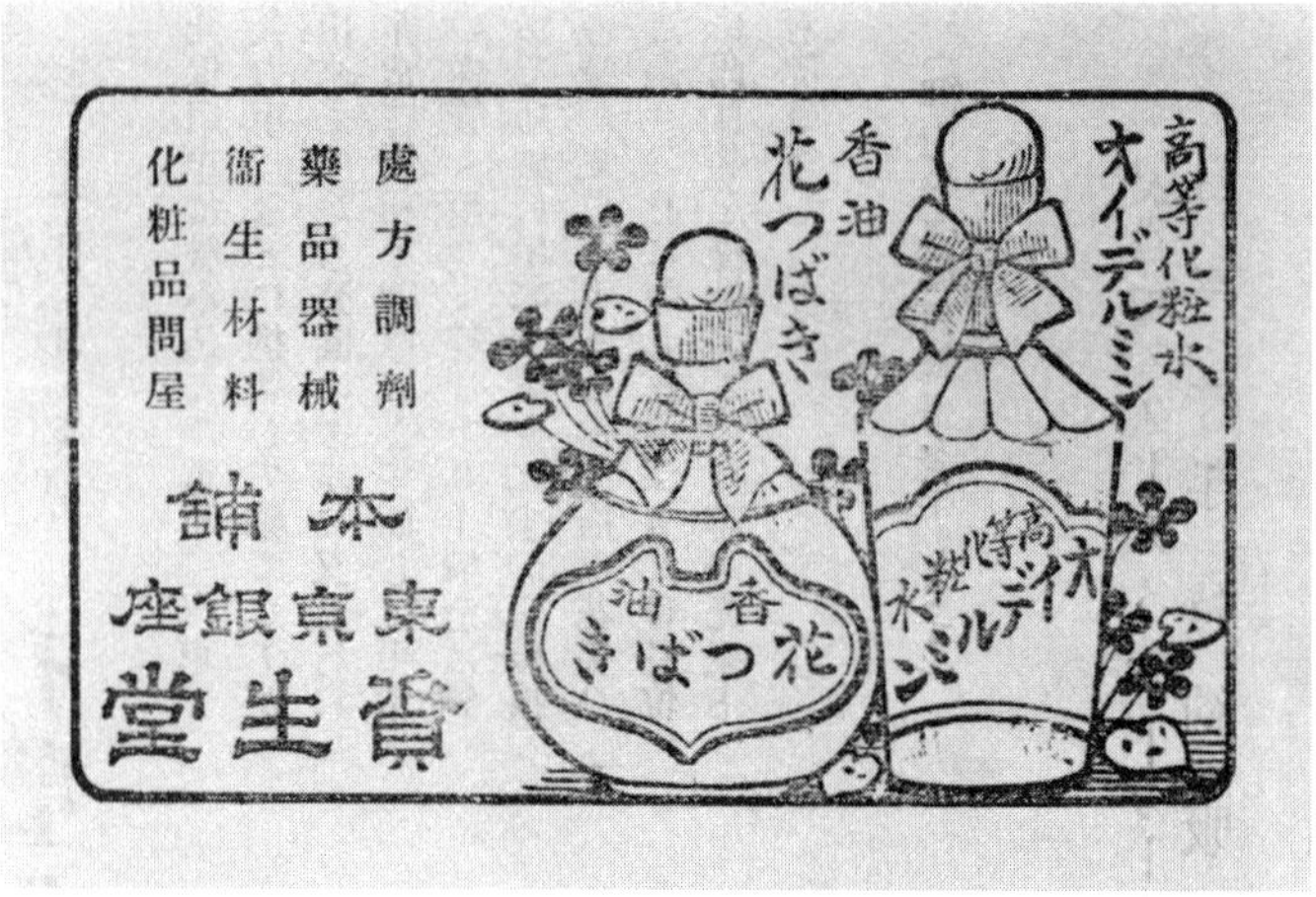

出所：資生堂ホームページより
https://corp.shiseido.com/jp/company/history/founders/

りました。その後近代化により、鏡の品質の改良や産業革命後のガス灯や電灯の発達、写真撮影サービスの出現により、見た目に対する自意識は高まっていき、髪の毛は容姿にとって非常に重要な役割を担っていました。それらを担っていたのは、現在の外科医の原型である「床屋」でした。

日本では、奈良時代の頃から宮中の女性たちの黒い垂髪を整える髪油としてツバキ油が使用され、その後大衆にも普及しました。日本では黒髪が美しく、髪を染める文化はありませんでしたが、江戸時代には白髪染めとして「美玄香」といわれるものがあり、江戸の坂本氏の発売とされています。坂本氏は江戸の化粧品製造販売業者で、他に「仙女香」と呼ばれた白粉を扱っており、大正時代まで販売されました。江戸時代のメイクの色使いは「白・黒・赤」の3色が基本で、それらは「白粉・お歯黒や眉墨・紅」となります。また髪の手入れは自分自身で行っていましたが、江戸時代には個性的な髪型が出現し、「髪結い」（今の理容師）という職業ができました、男性の髪を手がける男の髪結いで「髪結い床」という自分の店を持つものは床屋とも呼ばれ、女性の髪を手がける女髪結いは遊廓（遊女は上得意だった）や顧客の家を訪問していました。さらに1853年の黒船到来、1868年の新政府樹立により近代化がはかられ、ビューティー習慣も西洋化しました。具体的には、男性の白塗りを禁止し女性のみ認め、また1914年までに女性のお歯黒や眉毛そりの習慣は撤廃されました。これらによって美人の概念も変化し、半世紀で、細い目、細い眉毛、面長から、丸い目と顔、太い眉が支持されるようになりました。これに併せたビジネスとしては、1872年に海軍の薬剤師のトップだった福原有信が、銀座に資生堂薬局[6]を開きました。日本で医薬品と言えば、当時は中国の漢方を指していましたが、日本で最初の西洋スタイルの薬局を開業しました。さらに練り歯磨き、ヘアオイルの販売も開始し、日本人女性に西洋の化粧品を売り込み始めました。また1909年には水野増次郎が水野甘苦堂（現ホーユー）を設立し1911年発売の白髪染め「二羽からす」が大ヒットしました[7]。

6　1872%E5%B9%B4%E3%80%81%E8%B3%87%E7%94%9F%E5%A0%82%E3%81%AF%E6%BC%A2%E6%96%B9%E8%96%AC、%E6%AD%B3%E3%81%AE%E6%99%82%E3%81%A7%E3%81%97%E3%81%9F%E3%80%82

7　https://www.hoyu.co.jp/corporate/history/

3．トイレタリー

分かれた「衛生」としては、最初に石鹸があります。１８６０年まで石鹸で体を洗う文化は世界のどこにもなかったのですが、ペストの流行により水を使うことを恐れて、布で体をあらい、清潔なリネンを着用し、できるだけ体を清潔に保つという衛生概念が発達し、石鹸が使われるようになりました。担っていたのは調香師でした。清潔さと文明開化が重なり、トイレタリーが発達しました、また１９０１年にジレット社が安全かみそりを発明[8]すると、家庭用シェービングクリームの需要も生まれ、その後、女性がすね毛をそる習慣もうまれました。また１７８０年には近代的な歯ブラシ[9]ができ、砂糖の接種量増加等で虫歯が広がるのにあわせて、19世紀末までには歯磨きの習慣が一般的になりました。

日本では、１８６８年の新政府樹立の近代化により、西欧の衛生管理方法を取り入れられました。そして１８９６年に小林富次郎商店から練り歯磨き製品「ライオンの歯磨き粉」[10]が発売されました。その後、大正時代に入ると、歯ブラシ、子供歯磨きも発売されました。同時期の１８９０年には、問屋商人出身の長瀬富郎が創業した花王からブランド石鹸[11]が発売されました。

8　https://gillette.jp/ja-jp/shaving-tips/tips-for-shaving/safety-razor
9　https://www.nlp-llc.com/toothbrush.html
10　https://www.lion.co.jp/ja/company/history/
11　https://www.kao.com/jp/kaonokao/openthekao/vol1/2/#:~:text=%E8%89%AF%E8%B3%AA%E3%81%A

カミソリの使用は戦国時代の織田信長が転機といわれ、月代と呼ばれる武士独特のヘアースタイルを整えるために使用しました。これがきっかけとなり、武士の間でカミソリが用いられるようになりました。江戸時代になってからは、刀の需要が減ったので、刀の名産地であった美濃（岐阜県）の関市では、カミソリ、包丁、ノコギリ、カマなどを生産するようになりました。明治時代以降安全カミソリが輸入されるようになりましたが、関市では、１９０８年に遠藤斉治朗によって現カミソリメーカーの貝印が創業されました。[12]

4. 化粧品

衛生用品からさらに発展したのが化粧品となります。１９１４年に化粧品として口紅が発売されました。MAX Factor社は、当時流行を作り始めていたハリウッドと関係を構築し、化粧品としてカラーハーモニー化粧を発売、１９１６年にはロサンゼルスでアイシャドーを販売しました。そして１９２１年シャネルは今でも伝説的な人気がある香水No.５の販売が始まりました。販売経路は、ドラッグストアとサロン（美容室）となり、宣伝手法も変わり、新聞だけでなくラジオ

E%E7%9F%B3%E3%81%91%E3%82%93%E3%82%92%E3%82%81%E3%81%96%E3%81%97、%E7%9F%B3%E3%81%91%E3%82%93%E3%81%8C%E8%AA%95%E7%94%9F%E3%81%97%E3%81%BE%E3%81%97%E3%81%9F%E3%80%82

12　https://www.kai-group.com/global/about/history.html

出所：日本経済新聞社「誕生から現在まで〜シャネルN.5のストーリー シャネルN.5、100年の伝説vol.1」
https://ps.nikkei.com/spire/article/beauty/be-04.html

やＴＶ等の普及に併せ、効能より化粧品の使用後の「イメージ」を売るようになりました。これらの手法によってマス（大衆）マーケティングが発展していきました。一方、化粧品中毒も問題となり、１９３７年には米連邦取引委員会ＦＴＣが多くの企業に対し医療過失訴訟を起こし、食品、薬品、化粧品法が成立しました。サロン（美容室）では１９３０年にロレアルがパーマ液を販売し、また理美容専門誌も作られました。

日本では１９２９年、鈴木忍が創業したポーラ化粧品が[13]、手荒

13 https://net.pola.co.jp/ec/brand/

れ解消クリームを発売し、１９２７年には花王モダンという名のシャンプーが販売されました。１９２３年の関東大震災後、資生堂は「資生堂チェインストア制度」というボランタリーチェーンストアシステムを日本で初めて導入し、１９２８年には全国で７０００のチェーン店を展開します。また１９３７年には一般顧客向け雑誌『資生堂月報』を創刊しました[14]。

世界恐慌と第２次世界大戦によってビューティーの発展も停滞しますが、戦後の女性の社会進出にあわせて再度発展していくこととなります。まず１９５１年にイギリスを拠点にミスワールド、１９５２年にはアメリカを拠点にミスユニバースの２大コンテストが開催され、ＴＶ放送されました。これにより美の基準が世界に浸透することになります。またイメージを伝えるためＴＶ広告での競争が激化し、トレンドも早まりました。これには莫大なお金がかかるため、資金調達を目的として１９５５年にレブロンがアメリカ証券取引所に上場しました。またブランド名は有名だけれども資金がない企業も多くＭ＆Ａが盛んになりました。１９４６年イギリスでクリスチャン・ディオールが創業し、翌１９４７年にコレクションを発表しました。また１９４６年には現在までコスメティック業界のトップブランドとして君臨しているエスティローダーが創業し、ブランドの差別化のためタッチアップ（消費者と実際に話し消費者に効果を実感してもらっ

story/01_1.html
14　https://hanatsubaki.shiseido.com/jp/about/history.html

た上で購入）サービスを導入しました。エスティローダーは、販売経路として百貨店の繁栄と併せて関係を強固にし、今でも続いている百貨店内で、タッチアップして化粧品を売るビジネスモデルへと確立させました。

そして１９６０年にはビューティービジネスで最大のカテゴリーはヘアケア商品となりました。戦後アメリカではシャンプーで髪を洗うのが一般的になり、１９５６年に「彼女（髪染め）しているの？　していないの？」との広告キャンペーンも始まり、植物発想のクレイロールブランドのシャンプーも発売されました。１９６０年代にはアメリカではメイクアップをしないで外出する女性は皆無となりました。１９０９年、「安全なヘアカラー剤」を開発したウージェンヌ・シュエレールが創業したロレアル[15]は、戦後、フランソワ・ダルが社長となり、１９６４年には香水&化粧品ブランドで老舗のランコムを買収し、その後もＭ＆Ａを繰り返し１９８４年のフランソワ・ダルの引退時には世界最大のビューティー企業に発展しました。ちなみにランコムは、戦時中から販売技術や商業戦略だけでなく、人体やその心理、製品技術やその配合、スキンマッサージや演劇的なメイクアップの訓練をうけるビューティーの学校を設立して普及活動を行っていました。また女性大使も設け女性の地位の確立にも貢献しました。ビューティー製品を直接販売する会社として世界最大手は、１８８６年に創業し女性による訪問販売を初めて取り入れたエ

15 https://www.loreal-professionnel.jp/01_information/history.html

イボンとなります。こちらはマスマーケティングの比較に用いられるダイレクトマーケティングの草分け的存在と位置付けられています。

日本では、戦争中ビューティー産業は消滅しますが、戦後になると自動車と家電メーカーの発展に併せて、ビューティー産業も復活していきます。化粧品では戦前からあった資生堂とポーラの他に、戦後には１９４６年小林孝三郎が創業したコーセーが最も成功しました[16]。１９４９年には東京証券取引所及び大阪証券取引所が戦後の取引を再開させ、資生堂や花王が上場しました。

ちなみに著者達が所属している山野美容芸術短期大学は、戦前１９３４年に山野愛子が美容室の多店舗経営の傍ら開設した山野美容講習所（後の山野学苑）がルーツとなります。その後、１９７７年に山野美容専門学校を、１９９２年に日本で初めての美容教育のための山野美容芸術短期大学を創設しました。

また世界最大の規模になる過程でロレアルは、１９６３年コーセーと連携し、カラー剤を販売しました。しかし当時は白髪染めが主流で髪の色合いを楽しむ人はいませんでした。今でも日本では白髪染め（グレーヘアー剤）が、カラー剤に比べ多いと言われていますが、黒髪信仰の歴史が影響を与えていると考えられています。また義務教育や高校等の教育機関の校則において毛染めを禁止しており、染色や髪型が個性として認められていない社会文化となっていました。今で

16　https://www.kose.co.jp/company/ja/museum/history/

も地毛証明書や髪型のツーブロックは禁止されている学校があり、ブラック校則として度々ニュースになっています。[17]

また香水や化粧品等の新しい販売経路として、１９６０年ハワイでＤＦＳ（空港で免税店）ショッピングのコンセプトが出来、当時の日本人の海外旅行ブームを対象に、発展していきました。１９６５年には、ハリウッドで活躍していたシュウ ウエムラが、メイクアップアトリエを作り、１９６７年には世界初のクレンジングオイル「アンマスク」を発売しました。[18] 直近では、２００４年にメイクアップブランド「シュウ ウエムラ（shu uemura）」はロレアルに買収されました。さらに１９６７年には、日本でも男性向け化粧品が発売されました。[19]

5. ヘルスケアとビューティーとその他の産業

前述の通り、数百年の間ビューティーと医療（ヘルスケア）には深いつながりがありました。しかしドラッグストアで練り歯磨きを売る場合と、デパートで高級なフレグランスを販売する場合とでは、まったく異なる手法が求められたため、企業の多角化が成功せず、工業化の結果、別々

17 https://www.kyoiku-press.com/post-232952/
18 https://www.am-shuuemura.jp/about/history.html
19 https://www.jstage.jst.go.jp/article/jsds/2014/34/2014_17/_pdf/-char/ja

に分離していきました。別の分野になった医療（ヘルスケア）は、神話めいた効能ではなく、実際の効き目が信条になっていきました、一方、ビューティーの大部分は憧れやイメージに重点がおかれました。つまり実際に効能があるかどうかではなく、効能に「期待」することがビューティーにおける信条となったのです。しかし稀にビューティーとヘルスケア両方とも取り組んで成功した企業があります。それが１９１１年にスキンケアクリーム（ビューティー）から始まったニベア[20]と１８６６年に滅菌済みの縫合糸・手術用包帯（ヘルスケア）で始まったジョンソン・エンド・ジョンソン[21]です。今では両社ともビューティーまたはヘルスケアの分野に進出して成功しています。

　１９７０年代になるとはっきりと製薬業界とビューティー業界との間でシナジーを生むのが困難とわかりました。理由は、製薬において技術開発は大切ですが、ビューティーにおいては技術的な発明ではなく、製品を販売するマーケティングが重要となったからです。そして製薬会社は、ビューティー産業を製薬部門の下位に位置づけることが多くなりました。しかし稀な例と製薬会社からビューティー業界へも進出した企業で、１８４９年に創業されたファイザー[22]があります。

20　https://www.nivea.co.jp/about-us/nivea-history
21　https://www.jnj.co.jp/jnj-group/history
22　https://www.pfizer.co.jp/pfizer/company/history-us/1849-1899.html

１９６０年代から始まった企業の多角化がブームとなり、ビューティーのブランド企業は売却を繰り返されてきましたが、多くは成功しませんでした。その理由として、ビューティー業界は高騰する広告費用と競争の激化により、従来よりもさらに厳しい産業になりつつあったからです。起源が同じヘルスケアの産業からの参入は多く、上述の通り製薬会社だけでなく、トイレタリー等の消費財企業からも参入がありました。しかしこちらの多くも成功しませんでした。理由は、消費財企業はファッションに敏感で創造性にとんだビューティー業界の一部ではなく、機能重視で動きのはやい大規模事業だったからです。これらの歴史はビューティーとヘルスケアの再結合に影響を与え、１９８０年代になるとビューティーとヘルスケアは起源が同じだったのですが結果的に大きく枝分かれしました。その中で多角化に成功した稀有な例が、フランスの高級ブランドのモエ・ヘネシーやルイ・ヴィトン（ＬＶＭＨ詳細は後述）[23]です。

23　https://www.lvmh.co.jp/lvmh%E3%82%B0%E3%83%AB%E3%83%BC%E3%83%97/lvmh%E3%81%AE%E3%83%9E%E3%82%A4%E3%83%AB%E3%82%B9%E3%83%88%E3%83%BC%E3%83%B3/1593%E5%B9%B4%E3%81%8B%E3%82%89%E4%BB%8A%E3%81%AB%E8%87%B3%E3%82%8B%E3%81%BE%E3%81%A7/

第2節　ビューティービジネス歴史（後編）

1. ビューティー産業の新しい潮流と変化

ビューティー業界とは切っても切れない関係にある広告産業（前述のマスマーケティングやダイレクトマーケティング等）が広告規模を拡大し、莫大な費用をかけ洗練さを追求するあまり、消費者運動家やフェミニストの運動の機運は高まり、敵愾心を焚きつける結果となりました。ビューティー産業は特に「非現実的な」ニーズを充足するために「非現実的な約束」を作りだしているという批判にさらされていると、自ら認識するようになりました。そこで環境にやさしい、ナチュラルという概念を誕生させ、一部植物エッセンスを追加する等で適応しようとしましたが、実際は小手先の対応となりました。

しかし１９７６年には本格的に環境に適応した天然原料をベースとしたオリジナル化粧品のザボディショップ[24]が登場しました。その後、利益の一部から環境活動へ資金援助する仕組みも作り（現在のＣＳＲ活動やサステナビリティ戦略に通ずる）、多くの化粧品会社が真似することになりました。そして現在までもビューティーに対する科学と自然（ナチュラル）との２つの近代的な見方は拮抗しています。さらにザボディショップは小売業に進出するためフランチャイズ

24　https://www.the-body-shop.co.jp/shop/e/ecp-anita/

※ザボディショップ
https://prtimes。jp/main/html/rd/p/000000114。000019887。html

モデルを採用し成功をおさめます。２００６年には化粧品最大手のロレアルがザボディショップを買収し、環境への配慮がビューティーの本流へと変化していきました。

ビューティー産業が世界中で展開する広告宣伝は、民族性がさまざまな形で表現されるという点で、人種差別の撤廃もおこりました。例えば雑誌の表紙やコンテストでも有色人種が選ばれるようになり、少しずつ白人至上主義から脱却していきました。ビューティーサロンにおいても白人にも黒人にもサービスを提供するサロンが出てきました。特にエイボンは、積極的にアフリカ系アメリカ人市場（主に黒人）に投資してきました。またエイボンは、１９６９年に日本に進出し、初期のモデルは白人でしたが、その後、日本に合わせるため日本人モデルも起用しました。しかし最近はブランドイメージを保つためまた白人に戻しました。

そして女性解放&フェミニストでも変化が起き、１

９８０年代になると、女性のビューティーへの取り組みは、男性の目を惹きつける目的から、女性自身が自分の人生を思うままにできることを謳ったものへとハッキリと変化しました。男性の市場も広がりを見せ始め、欧米では１９６０年代の主に白髪をかくすヘアカラー商品から始まり、１９８０年代では男性もスキンケア製品を使う宣伝が始まりました。そして日本でも２０２０年前後からスキンケアだけでなくファンデーションやつけまつげ等の男性化粧品が若年層を中心に普及しはじめました。[25]

2. ビューティー産業の近代

市場規模は、１９８２年の２５０億ドルから、２００８年には３３００億ドルへと拡大し、その中でシェアを広げたのは、ロレアルとＰ＆Ｇの2社でした。Ｐ＆Ｇはビューティーとは対極のポジションであるヘルスケアの領域にいました。しかし、株主等からプレゼンスの拡大へ向けて動くことを求められ、ビューティー産業へ進出しました。１９９１年にマックスファクターを買収しカラー化粧品分野に参入し、２００３年にはウエラを買収しヘアケア市場へも参入し２００８年ではグルーミング（髪の毛・顔・体を磨き整える）で世界最大になりました。Ｐ＆Ｇ社内でも、ビューティー、パーソナルケア、ヘルスケアで売り上げの半分を占めることになりました。

25　https://www.nikkei.com/article/DGXZQOCD281U90Y2A121C2000000/

しかし、その後の経営状態の悪化により、２０１５年には効率化の一環として、ヘアケア製品など美容関連の43ブランドについて、米香水・化粧品大手のコティに当時総額１２５億ドル（約１兆５０００億円）で売却しました。香水やスキンケア用品を扱う美容部門は市場の成熟や競争激化などに伴い、収益が伸び悩んでおり、収益への貢献度が低くブランドの売却を進めることになったからです。ここでもビューティー産業は、消費財に比べ収益率が悪く、またヘルスケアとの折り合いが悪くシナジー効果を生みづらいことが証明されたことになりました。

もう一つのロレアルは、ブランド管理のためにランコム等10ブランドを選びグローバル商品化を行い、この10ブランドで売り上げシェアの90％となりました、これに伴い、従来からあった雑誌、映画の配給、薬品などは縮小または撤退しました。１９９５年には、アメリカの地域ブランドであったメイベリンを買収し、再ブランド化し、メイベリン・ニューヨークで世界展開し成功をおさめます。その後、現地の有力ブランドを買収し、ブランドをロレアルパリやメイベリン・ニューヨークへ統合するＭ＆Ａ戦略でシェアを拡大しました。例えばアルゼンチンでは同国のメイクアップ市場でトップに君臨していた「ミス イラン」を買収し、製品や容器、広告などを統合して「メイベリン ミス イラン」として販売しました。同様にドイツでもローカルブランドの「バイ ジェイド」を買収し、「バイ メイベリン ジェイド」としてリブランディング化し成功を収めています。市場が確立されている海外マーケットに新規で参入するには、通常は莫大なコストと時間を必要としますので、大変効率がよい市場拡大戦略となりました。現在では世界最大の化粧品会社へと成長しています。

一方で、まだビューティー産業への参入も続いています。世界有数の一般消費財メーカーであるユニリーバは、パーソナル・ケア製品のブランド、ダウを拡張させることで成功を収めています。化粧品石鹸から始まり、浴室用せっけんやシャワー用製品、そしてヘアケア商品やボディケア製品へ拡張しています。また世界最大のラグジュアリーブランドでアパレルコングロマリットであるモエ・ヘネシー・ルイ・ヴィトン（ＬＶＭＨ）も本格的に参入してきました。[26]２０２０年には、日本のナチュラル化粧品メーカー「エトヴォス」も買収し、２０２１年にはフランスの老舗総合美容専門店「オフィシーヌ・ユニヴェルセル・ビュリー（OFFICINE UNIVERSELLE BULY）」を買収、主力の５つの事業の１つであるパフューム・コスメティック部門にまで成長させました。

今後の見通しとしては、社会的に先進国の高齢化社会への変化があります。それに伴い、スキンケアビジネスやアンチエイジング市場の拡大が見込まれています。１９９２年にナチュラが「本当に美しい女性へ」をコンセプトにし従来はなかった年配の女性を商品のモデルに採用し少しず

26　https://www.lvmh.co.jp/lvmh%E3%82%B0%E3%83%AB%E3%83%BC%E3%83%97/lvmh%E3%81%AE%E3%83%9E%E3%82%A4%E3%83%AB%E3%82%B9%E3%83%88%E3%83%BC%E3%83%B3/1593%E5%B9%B4%E3%81%8B%E3%82%89%E4%BB%8A%E3%81%AB%E8%87%B3%E3%82%8B%E3%81%BE%E3%81%A7/

つ変化してきました。また日本では洋かつらのアデランス[27]等もあり、高齢者向けの毛髪市場は世界中で市場が伸び続けています。[28]

　ビューティーのグローバル化はアメリカニューヨークのバービー人形の変化[29]でもわかります。80年代になると肌が黒い「ブラック・バービー」、浅黒い「ヒスパニック・バービー」も登場し、さらに人種の違う世界各国のバービーが民俗衣装で登場するシリーズ「ドールズ・オブ・ザ・ワールド」も発売され多様性が示されました。しかし、いまなお青白い肌、丸い目、スリムな容姿、白い歯は民族性に関係なく、世界中で女性のビューティーのベンチマークになっています。また9～12歳もターゲットとなるなど10代向け市場も拡大し、さらに性差を超えたユニセックス（ジェンダー）コスメも増えてきましたが、まだ成功しているとまではいえないでしょう。

　流通業者も変化してきました。従来のドラッグストアやヘアサロンから、デパート、百貨店へ、そしてＥＣ（オンライン）へと変わってきています。日本だと２００３年にオンライン専業のビューティガレージ[30]が創業し、２０２３年には美容商品全般の卸しで業界3位の売り上げまで

27　https://www.aderans.co.jp/corporate/company/history.html
28　https://prtimes.jp/main/html/rd/p/000003047.000067400.html
29　https://style.nikkei.com/article/DGXNASFE24043_U3A920C1000000/
30　https://www.beautygarage.co.jp/about/history/

成長しています。このようにチャネルの変化も影響を与えました。またＳＮＳの発展により、新世代が消費者へと変わりつつあります。従来は、ビッグブランド、ビッグネーム、ビックカンパニーが憧れでありすべてでした。しかし個々のブランドがＴＶや新聞等のマス広告を利用することなく、ＳＮＳ等を通し発信できるようになると、独自（オリジナル）のコンセプトやターゲットを絞った商品が開発されるようになりました。

そして消費者は、生活において自分とブランドが同一化できる商品に魅力を感じ始めました。企業がその同一化を促進する方法として最も確実なのが、ブランドについてのストーリーを伝える方法でした。ストーリーに共感できない消費者は、商品の性能が高かろうが、またビックブランドだろうが、多少価格が高くても購入が検討されるようになりました。その代表的なストーリーの一つに環境問題があります。消費者の環境問題に対する関心が強くなるにつれて地球やかつて植民地であった国の現地生産者に尊敬を払っているというストーリーを伝えることができる企業は、消費者を引き付けて獲得できる良い機会に恵まれました。例えば、オーガニック化粧品やエシカルコスメ、ヴィーガンコスメ等がそれに当ります。メガブランドには調整者としての役割が期待され、ニッチブランドの共存が求められるようになったのです。

さらに新しい市場として、ＢＲＩＣｓ（ブラジル、ロシア、インド、中国）がフロンティアと

世界のウエルネス市場規模（2020年）

世界のウエルネス産業市場規模	484兆円
パーソナルケア・ビューティーアンチエイジング産業	105兆円
ウエルネス・フード・ダイエット産業	104兆円
フィットネス産業	81兆円
ツーリズム産業	48兆円
代替補完医療産業	45兆円
公衆衛生，予防医療等産業	41兆円
不動産産業	30兆円
メンタル産業	14兆円
スパ（SPA）産業	7.5兆円
職場環境産業	5.3兆円

Global Welness Instltute（2020）レポートを参考に筆者作成
※1ドル＝110円換算

して注目され、２０１６年には４か国で世界のビューティー市場の44%を占める試算[31]もありました。そしてビューティー業界の巨人でさえ、地域間のビジネスが均等に分散はしていないのが特徴です。今でも各社は出自の西欧やアメリカ、日本等の市場に依存し続けています。つまり各国で独自のビューティー企業やブランドが存在するということです。

　今回、詳細に触れなかった項目として、ビューティー産業の広がりがあります。例えば、ビューティーサプリメント市場があげられます。２０２１年の世界の女性用健康・美容サプリメント市場の売上は６４４億ドル（１ドル１３０円換算／約８兆３０００億円）と言われており、２０３０年には１８４３億ドルにまで成長すると

31　https://www.syogyo.jp/news/2013/01/post_005294

見込まれています。[32]また脱毛含むエステティックサロン市場規模は国内では、ここ数年横ばいですが、2021年で3270億円[33]となっています。また世界の美容機器の市場規模は2021年に632億ドルに達し、2030年までに3513億ドルに達すると予測[34]されています。このようにビューティービジネスはヘルスケアとのあいまいな境界により多様な業種も巻き込み、また世界人口の増加やSNS・携帯電話等のITの進化、配送業者の整備・充実を背景に、拡大されていることが見込まれています。

第3節　短大が目指す掛け合わせのキャリア教育

山野美容芸術短期大学では2021年の学科改組により、大きく方向性を変えました。従来の専門学校との違いを示すために資格（例えば介護職員初任者研修等）だけでなく、主にビジネスに舵をふりました。その1つが掛け合わせのキャリア教育になります。

美容師やエステ等の資格を取るのは当然として、特定の資格1つだけで働き日常生活を送って

32　https://prtimes.jp/main/html/rd/p/000004351.000067400.html
33　https://www.yano.co.jp/press-release/show/press_id/2901
34　https://www.panoramadatainsights.jp/industry-report/beauty-devices-market

いくのが困難な時代になっている等の社会背景の変化があります。これは美容師等の業界に関わらず、弁護士や税理士等の資格者も含まれます。理由は、人口が減少し経済自体がシュリンクしていくからです。また美容師業界内の競争も値下げや主対象とする女性人口の減少等で顧客争奪が苛烈になり、１つの資格取得だけでは、生き残っていけないと、短大として考えました。さらに社会全体でも１つの会社で定年まで働くことは難しくなりつつあり、「終身雇用制度は守れない、制度疲労を起こしている」（２０１９年経団連中西会長）と言われています。そしてコロナ禍を経て打撃を受けた全日空（ＡＮＡ）等の旅行関係だけでなく、みずほフィナンシャルグループやヤフー等でも副業が推奨される時代がきており、１つの会社で長時間、一生働くことは労働者に求められていない時代が到来しました。

そこで、新たに美容師×○○等の、×…「掛け合わせ」のキャリアの教育に舵を切り、短大では掛け合わせにて成功できる人材育成に変えたのです。例えば、美容師×教育、美容師×投資、美容コンサルタント×アナウンサー、等です。今、美容師は、インスタやTikTok等のＳＮＳで簡単に個人の技術を宣伝が出来る時代になっています。裏を返すとＳＮＳ等が使いこなさないと見られない・見つけてもらえない時代になってきています。少なくとも美容師×ユーチューバーorインスタグラマーやTikTokerは必須の要件になっているのです。

さらに「掛け合わせ」には、自分が唯一の無二の存在になるため、機械にとって代わられないためにも必要だと考えています。機械の進化やイノベーションが速いのは皆様もご存じの通りで、

２０１９年にヒットした『ＡＩに負けない子どもを育てる』本や、２０１４年オックスフォード大学のマイケル・Ａ・オズボーン准教授が発表した「10年後、今ある職種の半分が消えてなくなる」と述べられた「未来の雇用」という論文も見たことがあるかと思います。現実的に、すでにネイルにおいては、ホーム機器に手をいれるだけで簡単な指のネイルが自宅等で出来るようになっています。それらに対抗するためにも、推奨されているプログラミングの他に〝新しいものを生み出す力（後述：アントレプレナーシップ）〟が必要となります。それが「掛け合わせ」によって解決できると考えています。

次章で紹介する私の担当科目「ビューティービジネス基礎」では、教科書の１つに起業家の堀江貴文氏の著書『多動力』（幻冬舎、２０１７年）を指定しています。その本においても紹介されていますが、以前からある１つの職業で極めていくルートが存在しますが、一握りの天才しか成功できないと思われます。その他大勢の天才以外の人は、掛け合わせによる職業を提案されています。それが「１００万分の１」の人材（本書ではレアカード）になる方法となります。これは、藤原和博先生（日本の教育者、著述家、教育改革実践家）も先に同様のことを言っており、[35]具体的には次にようになります。

35　藤原和博『１００万人に１人の存在になる方法　不透明な未来を生き延びるための人生戦略』ダイヤモンド社、２０１９年

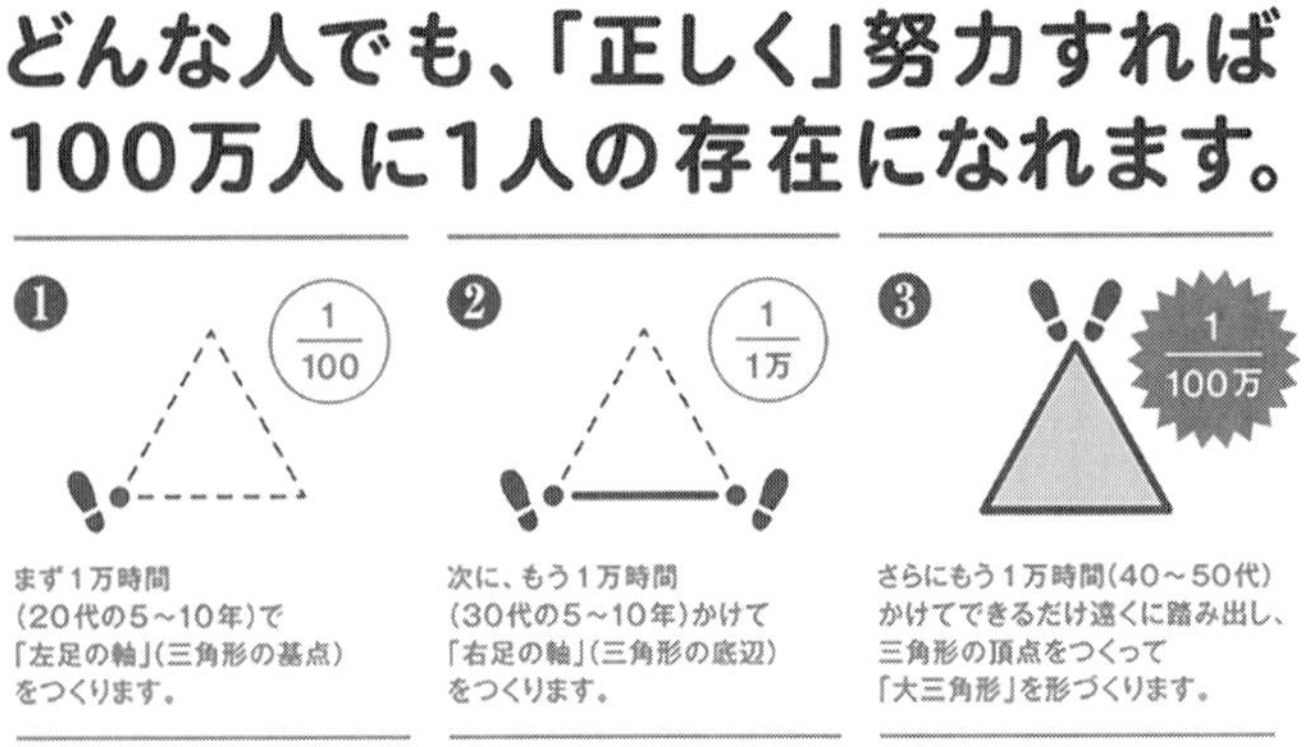

出所：株式会社グロービス『GLOBIS知見録』より
https://globis.jp/article/6567

ＳＴＥＰ１「１００分の１」…１つのことに１万時間
（１日６時間×５年間）
ＳＴＥＰ２「１００分の１」…１つのことに１万時間
（１日６時間×５年間）
ＳＴＥＰ３「１００分の１」…１つのことに１万時間
（１日６時間×５年間）

つまり15年間で、１００分の１×１００分の１×１００分の１＝「１００万分の１」となり、オンリーワンになることを指しています。これはＡＩ等にとって代わられない人材になるということです。

このように書くと１つの職業で頑張ってきた先人を含む多くの方々を否定しているようにとられる方がいらっしゃいますが、そうではありません。私事ですが、父は理容師として16歳から60過ぎまで、20歳から店を持ち、床屋一筋で働き、子供たち含め生活を成り立たせてきました。これは大変すばらしいことであり、尊敬しかありません。しかし、この働き方を今の学生に模範として示すのが、残念ですが正しいとは思えないのです。ＩＴも進化し社会が変わり続けています。多くの方が使っているiPhoneは何年に発売されたか覚えていますでしょうか？　日本では２００８年に発売されています。それから現在の15年で、さまざまなことがiPhoneでできるようになっており、新たなアプリも多数誕生しました。またそれらに伴い、働き方も変わり続け、私達はそれに適応しまた受け入れなければならないのです。

そして今の学生は１００歳まで生きる可能性が高く、政府は生涯現役社会などを掲げ、何かしらで働くことが求められています。社会が急速に変化している中で、教育者である私達も変わり続けないと、学生や自分たちの仕事もなくなってしまうと考えています。美容師として一人前（１／１００）になり、次の領域でも一人前（１／１００）になり、さらに新しい領域でも一人前（１／１００）なれば、誰にも真似できない人間になれるということです。また3回かけ合わせると、さまざまな職業が重なり、経験と人脈も備わり、替えのきかない人材になれることでしょう。短大では少なくとも○○×○○と、２つ以上の職のかけ合わせを紹介し推奨しています。

そういう私も5年毎ではありませんが、10年毎に職を変えています。大学卒業から最初の社会人約10年は証券会社でサラリーマンでした。次の職を変えるタイミングで明治大学ビジネススクール（ＭＢＡ）に通い在学中に退職し、株式会社ＶＯＹＡＧＥを起業しました。その後、10年会社経営をし、会社経営の傍ら大阪大学大学院博士課程に進学し修了後に、現在の教員に職を変えました。結果的に、サラリーマン（10年）→会社経営（10年）→教員（2年）というキャリア形成となりました。これは教育や研究において強みになっていると感じています。前述のビューティーの歴史の通りさまざまな領域からの参入が続いています。またビューティーの概念や境界もあいまいになりつつあります。さらにウエルネスやウェルビーング等の新しい概念も誕生し、また、それらが重なり合っています。このような状況下で、さまざまな職や業界を経験することは、ビューティーの世界においても強みになる時代がきていると感じているからです。

さて後述のアントレプレナーシップ教育では、「美容師×教育」として秋葉湧先生（https://www.instagram.com/yunbow17/）、「美容師×投資」として星川佳輝先生（https://www.instagram.com/hossy0714/）、「美容コンサルタント×アナウンサー」として名越涼先生（https://www.instagram.com/nagoshi_ryo/）をゲストしてお迎えし、経歴から始まり現在の取り組まれているビジネスまでを紹介してもらっています。3人ともビューティーの世界に片足をいれられ、もう片足でさまざまな業界や職に積極的に取り組まれています。お話をお伺いすると2つに収まっておらず、3つ、4つと取り組まれ、それらがシナジーを生んでいるように見受けられます。そして忙しそうですが、輝いているように見受けられます。社会に必要とされている、貢献できていると実感されていることでしょう。また秋葉先生と星川先生は、特任講師として「美容師のためのビューティービジネス」を、名越先生は非常勤講師として「美しいコミュニケーション」を担当いただいています。かけ合わせのキャリアの先輩として教壇にも立っていただいているのです。

講師も新しい職となります。

第4節　アントレプレナーシップ教育

前述のように、2021年の山野美容芸術短期大学の学科改組により、新設されたビューティービジネスに係る科目群のうち、私はビューティービジネス基礎と応用、産官学連携講座を担当しています。経緯等ははじめにゆずり、ここで教えているのは、ビューティーに関わっているビジネス（企業）を通し、アントレプレナーシップを育むこととなります。

なぜそのような科目が現代に求められているかというと、高校生からみて、ビューティーに特化してビジネス等を学ぶと想定した際の4年制大学は、残念ですが存在しません。結果進学の際に4年生大学と短大を比較した結果、短大を選択する学生がいます、一方、美容系の専門学校では、学士等の資格が取得できないため、専門学校よりも高い授業料を払ってでも、将来の進学等の可能性を保つため、また教養を身につけるため、短大を選択する学生もいます。そして4年制大学でも同様ですが最近の学生の傾向の一つに、自分でビジネスをしたい、将来会社を作りたい、という起業願望を持つ学生が増えています。例として2021年には日本で初めての学部、武蔵野大学のアントレプレナーシップ学部[36]もできました。スローガンは「会社に入るか社会を創るか」となり、社会を変える起業家を育成することに主眼をおいています。短大では、これらを、ビューティー（ビジネス）を通じて行いたいと考えています。

　これらの学生の背景として、一昔前の起業家への憧れから、起業家に対し社会的な認識の変化が起こり、現代の高校生以下において起業するのが職業の1つの選択肢になっていることが伺えます。この理由としてInstagram等のＳＮＳの浸透もあげられます。以前は社長やマネジメントと聞くと、本で読む程度で、見たことが無く、よくわからない大変遠い存在でした。しかし現代は、YouTube含むＳＮＳ等を通し、社長やマネジメントをしている人の考え方やリアルの行動等を見る機会が格段に増えています。また高校生社長等の若者で起業している例も増え、スティーブ・ジョブズの映画や若い起業家をモデルしたＴＶシリーズも放映され、もちろん法律改正等で会社の設立基準の緩和もあり、身近に感じ自分にも出来ると考えている学生が増えてきているようです。私も10数年前に脱サラ（脱サラリーマン）して起業した経験があります。事業を始めた当初、世間では脱サラに良いイメージはありませんでした。むしろ主流であるサラリーマンに適応できなかった脱落者に近いニュアンスで紹介されたこともありました。しかし最近は学生に話をきくと、起業家に憧れやスター性を感じ、また身近で自分でも十分可能であるとの認識を感じ

36　https://www.musashino-u.ac.jp/academics/faculty/entrepreneurship/

るようになったのです。ビジネスコンテストも多数開催されており、日本文化においても大きな変化をうんでいる土壌になっているように感じています。

　他の理由として高校までの教育の変化やその影響もあると推察します。学生に話をきくと親や親せき等の周りに社長がいるとは聞かないのですが、社会を変えたい、日本文化を伝えたいとの思いや要望をもっています。その理由に今、高校ではＳＤＧｓ等の社会的課題を学び解決する授業を行っているケースが増えているからと考えます。ＳＤＧｓとは、２０１５年の国連サミットにおいては、先進国を含む国際社会全体の目標として、「持続可能な開発目標（ＳＤＧｓ：Sustainable Development Goals）として採択され、「誰一人取り残さない」社会の実現を目指して、２０３０年を期限とする包括的な17の目標及び１６９のターゲットにより構成されています。日本経済新聞社が主催の展示会SDGs Week EXPO（https://messe.Nikkei.co.jp/sdgs/）では、毎年参加している小・中・高・大学生が増えていることでもわかります[37]。

　これは文部科学省が２０１７年、２０１８年の学習指導要領の変更により「持続可能な開発のための教育（Education for Sustainable Development：以下ＥＳＤ）を、次期学習指導要領改訂の全体において基盤となる理念である」とし、小学校から大学に至るまでのすべての教育段階において推進されたからと考えます。ＥＳＤは、ＳＤＧｓの目標４「すべての人に包摂的かつ公正

37　https://messe.nikkei.co.jp/archive/2022/visitor-sdgs.html

SDGsの目標4「質の高い教育をみんなに」

出所：文部科学省ホームページより

な質の高い教育を確保し、生涯教育の機会を促進する」のターゲット４・７に位置付けられ、結果、多くの学生が参加することに至っています。これらの変更された教育方針は、学生のアントレプレナーシップを育むのに大きく貢献しています。社会課題等を正面から捉え解決方法を考えることは、アントレプレナーシップの第一歩でもあるからです。儲かるかどうか、サステナビリティがあるかどうかはその先となります。またスウェーデンの環境保護活動家グレタ・トゥーンベリさんの活動も刺激を与えていることでしょう。引き続きＳＮＳの発展や上記の教育が続いていく限り、学生が起業で課題を解決したいとの要望は増えていくものと思われます。

　今後は、社会人の副業も求められてくる

時代です。つまり、個人事業主的活動は増えていくものと推察されます。個人事業主は当然ながらアントレプレナーシップ的思考は必須の要件となるでしょう。そして近い将来アントレプレナーシップを備えた多くの社会人も誕生することが予見されます。つまり個人事業主や起業家がさらに身近な社会になることでしょう。

さてここで、少しアントレプレナーシップの定義を紹介すると、有名なところでは、「イノベーションを武器として、変化の中に機会を発見し、事業を成功させる行動体系」[38]ピーター・ドラッカー（経営学者）や「コントロールできる経営資源を超越し、機会を追求する姿勢」ハワード・スティーブンソン（米ハーバード・ビジネス・スクール教授）があげられます。他に「起業家精神」や「起業家的行動能力」と訳されることもあります。少なくとも社会に何かしら影響を与えることを目的に行動やその能力を指します。つまり組織を滞りなく回すこと等でなく、個人がもつ直接何かしらの影響を与えることができる行動や能力となります。補足として、アントレプレナーとイントレプレナーがあり、前者は「起業家」と訳し、後者は「社内起業家」となります。どちらもアントレプレナーシップは必要な要素となります。また前述の通り機械にとって代わられないために必要な「新しいものを生み出す力」の源泉とも考えています。ぜひ学生時代から培っ

38　P.F.ドラッカー著、上田惇生編訳（2015）『イノベーションと企業家精神【エッセンシャル版】』ダイヤモンド社

ていきたい能力となります。

アントレプレナーシップ習得のために、ここでは具体的に科目構成について紹介していきます。1年前期で必修の「ビューティービジネス基礎」では、前半に起業家の思考、後半でビジネス創出プロセスを学んでいます。前半では起業家として前述で紹介したビューティー業界で活躍している3名をゲストに迎えています。ゲストは、美容室やスクール事業、プロデュース等の主とするビジネスだけでなく、さらに別のビジネスも併せて展開しているのが特徴で、唯一無二の存在となり活躍しています。これを短大では、前述の通り「掛け合わせのキャリア」と呼んでいます。これは、日本においてさまざまな市場やマーケットが広がり続けている時代から、全体として多くが横ばいまたはシュリンクしている中では、従来の一つの職業では成功が難しいと考えているからです。そして学科改組の1つの目標であり、時代に適応するためと考えています。また参考図書として、先述した『多動力』や２０１６年に発刊されビジネス書として大ヒットした作品『ＬＩＦＥ ＳＨＩＦＴ（ライフ・シフト）』（リンダ・グラットン＆アンドリュー・スコット著）の漫画版『まんがでわかるＬＩＦＥ ＳＨＩＦＴ』（星井博文原作、東洋経済新報社、２０１８年）等を題材に、読み合わせ等しています。漫画で読む理由は、本（活字）を読む学生が減っており、画像等の方が学生にとって受け入れやすいと判断しているからです。『ＬＩＦＥ ＳＨＩＦＴ』は、将来の社会を見通し人生１００年時代のために短大時代に準備することも、また『多動力』では、前項の通り働く意義や掛け合わせのキャリア形成を学んでいます。これらゲストと参考図書を合わせて、1年前半の必修授業として、高校では触れる機会が少ないアントレプレナーシップを含むビジネス思考を学んでいます。

後半では、チーム毎に1つのビジネスを考え発表しています。こちらはプロダクトアウトやマーケットインの手法でアイデアを探したり、3Cや4P分析等を用いて市場分析をしたり、マーケットリサーチでビジネスの可能性を探ったり、PDCAを回したりしています。別に、「ビジネス思考法」の科目も必修であり、セットとなって、学生のアントレプレナーシップ等を育んでいます。これらにより、ビジネスに触れ、基礎を学んでいることになります。次の期には、「美容師のためのビューティービジネス」と、私が引き続き担当する「ビューティービジネス応用」があります。

さて1年後期から始まる選択科目の「ビューティービジネス応用」では、ビューティーの概要から始まり、さまざまなビューティーに関わる企業をゲスト（第2章、第3章等参照）に迎え、紹介して頂くと同時に課題を提示いただき、学生達でディスカッションし解決策を模索し、企業から評価いただく一連の流れでできています。また経営学検定／マネジメント検定初級[39]の取得も目指し、同時に経営学の基礎も学んでいます。つまり、ゲスト企業分析→ゲスト企業来校&ディスカッション&表彰、と経営学の学習を並行して学んでもらっているのです。これは、学生達に

39　https://www.mqt.jp/

とっては大変ですが、マネジメント検定で「理論」として企業の仕組みや会社経営を、ゲスト企業で「実践」でアントレプレナーシップとビジネスの2つを、同時に学ぶことによって、理解を深めているからです。

もう1つの特徴が、事前課題として、企業分析や経営学の基礎の1章（4〜10ページ）を1枚のGoogleスライドにまとめて提出してもらっています。授業内では、教科書を板書したり、解説したりすることは、ありません。私自身も学生時代に教科書を朗読する授業では、授業中に寝てしまった経験があるため、アクティブラーニングを主とする授業としているからです。流れは、Google for Educationで、課題（ゲスト企業分析や教科書の1章の要約）を提示→学生個人で資料作成→先生へ提出前に学生同士のグループＬＩＮＥで共有&意見交換→先生へ提出、となります。事前に学生同士で見せ合うのは私が指導するよりも、友達の意見のため素直にきくことができ、効率よく成長してくれると感じているからです。それらの全員の課題に対しコメントを返し改善を促すのと、提出課題から素晴らしいスライド5名前後を選出し、授業内で紹介しています。これらを実践する際に、声掛けしている点は、〝真似〟を推奨していることです。ほとんどの学生は、高校時代に1枚に要約しスライドを作る行為、またビジネスや経営学を学ぶのは初めてとなります。そこで、基本的なルール3点にまとめる等を紹介した後は、学生同士のＬＩＮＥグループ内で、うまく出来ている学生のスライドを真似するところから始めさせています。そして選出されたスライドも授業後に配布されるため、いつでもグループ内や素晴らしいスライドの真似が

ビューティービジネスのイメージ

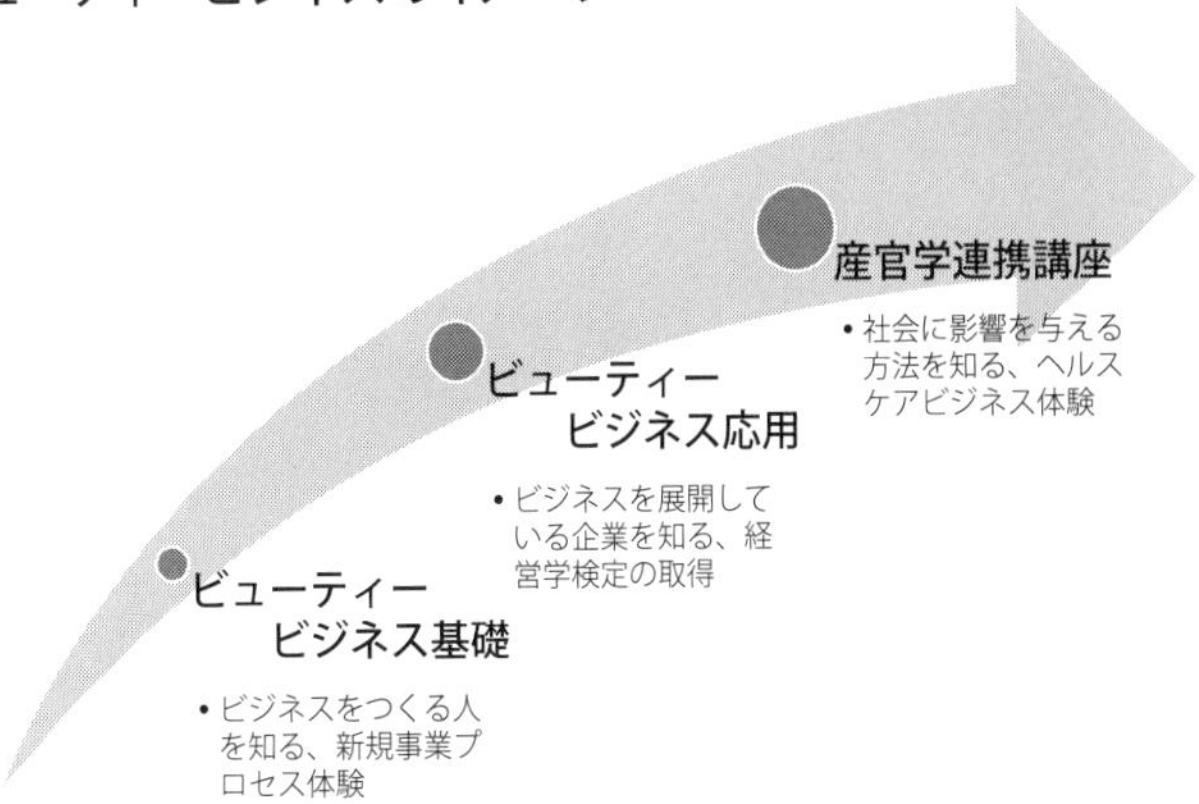

できる環境を用意しています。

また、企業分析は2種類を行います。1つがジェイ・B・バーニーの組織ケイパビリティを調べます。Brics分析が有名ですが、まずは利益や売り上げ構成、事業内容、本社も調べてもらいます。もう1つがマイケル・E・ポーターの環境分析を行います、5フォース分析が有名ですが、まずは業界分析とポジション、トレンドを調べてもらいます。最終的には企業分析においてどちらも一緒に使えるようにします。テクニックに走っても、働いた経験がないので想像が難しく、そもそも経営学の基礎知識が少ないので、このように簡易に取り組めるようにしています。またスライドの作成は山野美容芸術短期大学では、美容師育成コースや芸術系の大学であり、ほとんど行われていませんでした。スライドを作ることに慣れること、企業分析になれること、経営学の基礎を学ぶこと、企業の実態を知ること、これらをすべて達成するための授業構成となっています。

最後（2年後期）には、産官学連携講座が用意し、企業とコラボレーションでビューティーやヘルスケア商品を作って発表しています。また規制として、政府や東京都からもお越し頂き、ビューティーに関わる業界をどのように見ているか、また捉えているのかを学びます。こちらの授業が、1年半（ビューティービジネス基礎・応用）学んできた集大成の授業となります。授業のイメージは前ページの図のようになります。

アントレプレナーシップを学ぶことから始まり、ビューティービジネスを知り、実践する。さらにビューティーを含む経営学を学び、規制の環境や政府の動向も併せて学び、ビューティーに関わる幅広い領域をカバーしています。ご興味がありましたらぜひ短大に学びにきてください。お待ちしています！

おわりに

本の執筆にあたり、講演また取材においてご協力いただいた（本書紹介順）、ヤーマン（美容機器）石井陽子様、ケンジ（美容室）西山和平様、木村雅人様、出井達也様、アデランス（毛髪メーカー）箕輪睦夫様、藤生義則様、田中優衣様、藤野年成様、ちふれ化粧品（化粧品）本井沙織様、ジャパンオーガニック（化粧品）本田晃久様、カゴメ（食品）湯地高廣様、オムロンヘルスケア（健康管理）石崎恵様、和田理恵子様、ビューティガレージ（卸売）鈴木希和子様、掛札美優様、インフォーマッツジャパン（メディア）江渕敦様には、改めて厚く御礼申し上げます。

美・ビューティーの歴史は、キレイの概念の変化だけでなく、外部環境（地球環境への影響やユニセックスの台頭）の規制、また今後もＡＩ等の技術の進歩も相まって従来のヘルスケアだけでなくサービス産業を含む多くの産業を巻き込んで続いていくことでしょう。

すでに美容とテクノロジーを融合したＡＩ＆ＡＲメイクも始まっています。他メタバースやＮＦＴ等多くの最先端技術ともつながっていくと予見されます。そしてこれらのサービスや技術・商品を提供する企業は、従来のビューティー企業の延長にある企業や変化に対応出来た企業だけでなく、まったく別の産業、たとえばＩＴ企業やＳＮＳサービスを提供している企業になるかもしれません。そう考えると、ビューティーの将来はＩＴ等の技術だけでなく、人間の慣行や認識、社会環境等多大な影響を受けていくものと思われます、その際に本書が、将来に続いていく飛び石の１つの存在になれれば幸いです。

最後に、美・ビューティーの専門家が集まる山野美容芸術短期大学では、産官学連携を強化しています。少しでも美・ビューティーの要望があれば、お声かけ頂ける（takuji.arai@skycampus.jp）と嬉しいです。読者の皆様とつながれることを祈っています。

２０２３年2月14日　新井　卓二

【編著者紹介】

新《あら》井《い》 卓《たく》二《じ》（Ph.D./MBA）

山野美容芸術短期大学教授、新井研究室主宰、公益財団法人日本ヘルスケア協会健康経営推進部会 副部会長、一般社団法人社会的健康戦略研究所 運営委員兼特別研究員。証券会社勤務を経て株式会社を創業し売却。その間、明治大学ビジネススクールＴＡ、昭和女子大学研究員、山野美容芸術短期大学講師を経て現職。著書に『最強戦略としての健康経営』、『ヘルスケア・イノベーション』、『経営戦略としての「健康経営」』、他「『健康経営』の投資対効果の分析」等健康経営の論文多数。

河《かわ》﨑《さき》 峰《みね》子《こ》（MBA）

山野美容芸術短期大学教授・副学長。

大手国内航空会社の客室乗務員として、国内外に乗務し２５年間グローバルに活躍。

退職後接遇力や人的資源管理の経験を活かし、ビジネスホテルに勤務するスタッフ教育にも従事。

またキャリアコンサルタントの資格を活かし、学生・社会人の就職支援も行う。

現在は、山野美容芸術短期大学の実務家教員として、ホスピタリティマネジメント論、キャリアデザイン論の研究・教育を行っている。

2023年7月15日　初版第1刷発行

入門 ビューティービジネス

©編著者　新井卓二
　　　　　河﨑峰子

発行者　脇坂康弘

〒113-0033 東京都文京区本郷3-38-1
発行所　株式会社 同友館
TEL.03(3813)3966
FAX.03(3818)2774
https://www.doyukan.co.jp/

落丁・乱丁本はお取り替えいたします。
三美印刷／松村製本所
ISBN 978-4-496-05665-9
Printed in Japan